“LIBERTÉ”

AU POINT DE VUE DE L'ÉCONOMIE POLITIQUE ET SOCIALE

PUBLIÉ PAR

LA LIGUE GALLO-FRANÇAISE

Siège Social : 35, Rue Le Peletier, PARIS

Ouvrages à l'impression et en préparation :

LA PHILOSOPHIE DES XVIII° ET XIX° SIÈCLES
au regard des sciences modernes

L'ATHÉISME, LE MATÉRIALISME
vaincus par les sciences métaphysiques et psychiques

RELIGIONS PRIMITIVES
Cultes d'Osiris, Brahmanisme, Confucianisme, Schinto, Mythologie et Paganisme

RELIGION JUIVE — LE CHRISTIANISME

L'ÉGLISE — LE MAHOMÉTISME

"LIBERTÉ"

Socialisme et Collectivisme

Les questions économiques prennent, de nos jours, la place la plus importante de **l'histoire du Socialisme** et l'on sent le besoin d'analyser et de faire connaître à ceux qui les ignorent les lois primordiales sur lesquelles reposent la vie et l'ordre en appelant à notre aide les ressources si précieuses et si fortifiantes de l'histoire et de la science. Nous pouvons, sans aucun doute, appliquer à la science la morale qui en ressort.

Lorsque l'histoire se forme, quand les nations, lassent de parcourir la terre sans morale et sans but, se furent fixées sur un point déterminé, la notion du tien et du mien se traduisit par des actes, et la propriété individuelle fut consacrée par les mœurs et par les lois ressortant des usages. La pensée de l'avenir, le sentiment de la famille, donnèrent à cette consécration le caractère d'un acte saint, et il n'est pas permis de nier que c'est à lui que les peuples modernes doivent leur puissante organisation. « Sans la propriété mobilière, a écrit M. Thiers, il n'y aurait pas même de Société, sans la propriété immobilière, il n'y aurait pas de civilisation. »

Quel aiguillon pousserait le père de famille à la nécessité de l'épargne, quel puissant ressort le pourrait engager à augmenter chaque jour ses richesses, si ce n'est cette louable pensée de laisser un héritage à ses enfants, ce que **son travail a fait, « sa propriété », son bien?**

Chez les peuples où le despotisme, soit **le collectivisme**, pèse sur l'homme et se prétend propriétaire du sol, la terre est négligée et la culture est confiée à des bras dolents, c'est-à-dire insuffisants; le commerce languit et l'industrie n'existe qu'à l'état rudimentaire. Aussi les produits agricoles et industriels y sont-ils peu abondants et peu appréciés. Les habitants ayant un peu d'énergie, habitués à être violés dans leur personne et spoliés dans leurs biens, se livrent de préférence aux commerces qui permettent plus facilement de dérober aux regards inquisiteurs des chefs, la véritable valeur des objets dont ils disposent tels l'or, l'argent, les bijoux.

Voyez ce qui se passait autrefois dans notre Algérie et encore actuellement en Orient, en Asie. Partout c'était, et c'est encore, des terres négligées, des valons stériles et des travailleurs indolents. Pourquoi, d'ailleurs, auraient-ils travaillé ou travailleraient-ils, puisque leur labeur ne leur doit point profiter personnellement.

Toute la politique depuis quinze ans, œuvre des radicaux-socialistes et socialistes, montre sur quelle pente nous glissons, ces politiciens s'empressent de travailler à cette œuvre de destruction pour nous amener à la tyrannie du collectivisme.

C'est pourquoi il faut, devant la politique insensée des monopoles d'Etat, crier casse-cou, et en appeler à tous les gens qui n'ont pas encore perdu leur bon sens.

M. Clementel, rapporteur général du budget a cru devoir faire à la Chambre le 10 juillet 1914, des déclarations assez graves au nom de la Commission du Budget, auxquelles M. Noulens a ajouté ensuite quelques réflexions de même ordre sur le Monopole des assurances, qui montrent à quel degré d'abberration on en est arrivé.

Depuis longtemps la politique collectiviste et économique gouvernementale tend à la main-mise de l'État sur les assurances aussi bien que sur la fabrication et le commerce de l'alcool, sur l'industrie du pétrole, sur les mines en général, les grandes Banques, les Compagnies de chemin de fer, les Grands Magasins, etc., etc.

C'est d'un cœur léger que M. CLEMENTEL et M. NOULENS ont parlé de questions si importantes par les intérêts qu'elles touchent et par les dangers qu'elles font courir à la **Liberté individuelle.**

Cela paraît de plus en plus démontré aujourd'hui par les paroles prononcées à la Chambre le 19 novembre 1909, par M. Briand, dans un éloquent discours qui mérite d'être reproduit et qui définit bien l'état de conviction dans lequel se trouvait le Gouvernement.

M. BRIAND. — « Messieurs, je ne connais pas de politique systématique en matière de monopole.

« Je ne comprends pas un parti, un Gouvernement qui, à l'avance s'interdirait à tout jamais, quelles que soient les circonstances, de transformer en monopole une industrie, même si elle devenait une menace pour l'intérêt public.

« Je ne reconnais pas ce droit, mais **je ne reconnais pas non plus qu'il soit habile, ni qu'il soit conforme à la réalité** pour un parti ou pour un Gouvernement de se déclarer systématiquement partisan d'une politique de monopole. »

La tendance gouvernementale en France est donc au Collectivisme et nous cherchons à démontrer l'erreur d'une semblable politique.

Si l'on examine **les beautés de la Régie d'Etat,** on reconnaît que l'Etat se montre au-dessous de sa mission quant il veut supplanter les entreprises privées.

Cinq ans après le rachat de l'Ouest, l'Etat a accusé un déficit de 90 millions. Tout particulier qui administrerait aussi lamentablement son commerce ou son industrie, serait acculé à la faillite. L'Etat évite de déposer son bilan. Mais pourquoi? parce qu'il sait que le Trésor met sans compter à sa disposition l'argent des contribuables.

Alors à quoi aboutit-on? à des résultats stupéfiants que M. Astier signalait en 1913 dans son intéressant rapport au Sénat sur les Chemins de fer de l'État, alors que le produit net par kilomètre de train avait varié en 1911 pour les Compagnies cessionnaires, entre 1,75 et 2,71 et qu'il était seulement de 0,35 sur l'Ouest-Etat et de 0,44 sur l'ancien réseau de l'Etat. Ce qui revient à dire que l'Etat exploite quatre fois plus cher que les Compagnies privées sur son nouveau réseau et cinq fois plus cher sur son ancien réseau.

Du reste voici la progression des déficits annuels sur cet infortuné réseau :

1909	Frs.	38.748.000
1910	»	58.412.900
1911	»	68.798.300
1912	»	76.020.396
1913	»	85.679.985

Et encore, est-il bon de faire remarquer que ces chiffres officiels sont très inférieurs à la réalité, par suite de l'art habile avec lequel on réduit artificiellement les dépenses normales, et, par conséquent le déficit.

A propos des Retraites Ouvrières, nous pouvons déclarer que le gaspillage obligatoire des Finances de l'Etat a été organisé au profit de la candidature de nos politiciens socialistes.

La discussion qui a eu lieu au Sénat le 25 juin 1914 à propos des Retraites Ouvrières est une révélation. On en était au budget du Ministère du Travail, M. A. PEYRONNET a exposé à la Haute assemblée, un des incidents les plus curieux et les plus coûteux de cette loi.

Il paraît que 100.000 personnes au moins perçoivent indûment l'allocation servie par l'Etat.

Comme d'après les tables de mortalité la durée moyenne de l'allocation est de dix ans, c'est donc **cent millions** au bas mot que versera l'Etat à des bénéficiaires qui n'auraient jamais dû être inscrits.

Il y a quelque chose de paradoxal, de voir l'Etat organiser une loi de prévoyance et se montrer ainsi si imprévoyant dans son application.

Mais malheureusement si les Ministres passent, leur insouciance et leur irresponsabilité ne passent pas.

Les manœuvres de l'Etat ou plutôt des politiciens du Ministère du Travail pour s'emparer du Monopole de l'industrie des assurances, soulèveront la réprobation non seulement des parlementaires honnêtes, mais encore de toutes les individualités pensantes qui composent la majorité du peuple français.

M. Maurice AJAM, député de la Sarthe, professeur au Collège Libre des Sciences Sociales, fit paraître une bien utile brochure sous le titre de: « **Contre l'Etatisme** ».

L'auteur fait remarquer que l'Etat fait une erreur lorsqu'il cherche à s'emparer d'une industrie devenue prospère; il dit que si ce qui était possible en 1819 lors de la création de l'industrie des assurances, ne l'est plus en 1910, et que le problème se pose dans les conditions suivantes :

L'Etat peut s'emparer des Compagnies d'assurances de trois manières :

1° Les concurrencer;

2° Les exproprier avec indemnité;

3° Les exproprier sans indemnité.

Pour y arriver on a fait, sous la protection des Pouvoirs publics, de la Mutualité agricole dans toutes les communes, dans tous les camps et au hasard. On en a même fait tant et tant qu'on a parfois fait autre chose sous ce vocable et qu'aujourd'hui la Mutualité agricole n'est souvent ni mutuelle, ni agricole.

Le législateur a exonéré d'impôts l'assurance du risque agricole, mais il n'a pas défini où commence et où finit ce risque.

Ainsi un Sous-Préfet rédige les statuts d'une Mutuelle-Incendie, la fonde à grand renfort de pompiers et de discours, puis s'en va. Alors on voit un fonctionnaire de l'Enregistrement qui fait un procès à la Mutuelle et la condamne à une grosse amende. Le fait s'est produit dans beaucoup de Mutuelles locales.

Un bon républicain, un de nos gouvernants, M. F. DAVID, rapporteur du budget de l'Agriculture de 1910, voulant régler cette question d'enregistrement de peur de s'égarer dans des subtilités impondérables, a voulu élargir d'un trait de plume le champ d'action de l'assurance agricole.

« Tout ce qui se trouve dans le village est agricole, dit-il, donc, allons-y carrément, assurons et assurons! Le château, la maison bourgeoise, la boutique, l'église, etc., etc. »

Messieurs les députés prononcez des discours en faveur de l'assurance agricole, définissez-la, subventionnez-la, exonérez-la d'impôts, le contribuable saura toujours que vous battez sur son dos de la monnaie électorale.

Ce qu'elles donnent ces Mutuellettes destinées dans la pensée du Ministère du Travail à concurrencer et à supplanter les Sociétés de la Mutualité libre pour arriver ensuite à la création du Monopole, des déceptions d'abord et des querelles ensuite, et nous voyons éclore dans les campagnes des Mutuellettes conservatrices et des Mutuellettes républicaines.

Nous avons eu sous les yeux le compte rendu des opérations d'une de ces Mutuelles « la Caisse Mutuelle-Incendie de Saint-Mars-la-Pile (Indre-et-Loire), créé sous la protection des autorités gouvernementales, pendant l'exercice 1913 et nous le reproduisons ci-dessous :

Assurances souscrites antérieurement au 1er janvier 1913.. Primes	1.203 47
Assurances nouvelles réalisées en 1913........................	155 80
	1.359 27
A déduire pour résiliations..	79 53
Reste........................	1.279 74
Soit une augmentation de primes de............................	76 27
Commissions payées à M. Mistouflet..............................	233 63

Sinistres :

Nous avons reçu dans l'année deux déclarations de sinistres de MM. F. (police 188) et R. (police 9) dont les indemnités restent à fixer?

On croit rêver en examinant ces chiffres. En effet en 1913 les affaires nouvelles réalisées se sont élevées en primes à 155,80.

Les commissions versées à M. Mistouflet à 233,63.

Et l'on sait qu'il s'agit d'une Mutuelle syndicale agricole gérée et administrée gratuitement. (Loi du 4 juillet 1900.)

Quant aux sinistres, les indemnités restent à fixer.

Les Mutuelles locales parviendraient très difficilement à recueillir des adhérents si, dans la plupart des cas les autorités n'exerçaient pas une pression farouche sur leurs administrés.

Il y a quelques années, on fondait dans la commune de Cruzille-les-Mépillat, canton de Pont-de-Veyle (Ain), à grand fracas de caisse et de musique, et sous l'inspiration directe des gros bonnets de l'endroit, une Mutuelle.

Or, un soir du mois d'avril 1910, des lueurs sinistres illuminaient le village et malgré tout le dévouement de la population, l'immeuble de M. N..., épicier, ainsi que le contenu, étaient entièrement détruits par un incendie.

M. N... ayant souscrit aux statuts de la Mutuelle, il fallut s'occuper immédiatement de la réparation à laquelle il avait droit.

La somme à payer excédait de beaucoup la réserve en caisse et malgré tout le génie dont pouvaient être doués les membres du Comité, il ne pouvait suffire à combler la différence. Après un débat que pourraient envier nos discussions parlementaires, on trouva que le moyen le plus simple était de faire appel à la bourse de chaque sociétaire, ce qui eut le don de provoquer dans Cruzille-les-Mépillat, une manifestation hostile, une espèce de petite révolution, les administrateurs ayant fait afficher sur les murs de la commune que chaque sociétaire devra payer 16 0/00 des valeurs assurées par lui, ce qui a fait que certains ont payé près de 800 francs.

Aussi chaque sociétaire avait-il hâte de voir expiré son engagement et tous ont pris la détermination de ne plus constituer de Mutuelles locales à Cruzille-les-Mépillat (Ain).

Et voilà deux exemples de la grande réforme sociale que nos politiciens proposent aux agriculteurs en les invitant à quitter les Sociétés de la Mutualité libre.

D'après la statistique, il existait au 31 décembre 1911, 11.687 Sociétés d'assurances mutuelles agricoles en France qui avaient reçu du Ministère du Travail : 10.108.100 francs de subvention.

Il est une autre raison qui devrait détourner l'Etat de ce rôle qu'il s'attribue depuis quelques années. Les Mutuelles régies par la loi du décret du 22 janvier 1868, paient au Trésor un chiffre d'impôts dont la statistique nous indique qu'il s'est élevé en 1912 à 6.397.252 francs.

Dans ces conditions, favoriser les caisses locales qui sont dégrevées de taxes, par tous les moyens à la portée de ceux qui détiennent le pouvoir, c'est vouloir diminuer les propres ressources de la Nation.

Comment expliquer une pareille politique?... Avoir à sa disposition :
28.277.515 Frs. d'impôts payés par les Compagnies par actions.
6.397.252 Frs. d'impôts payés par les Mutuelles régies par le décret du 22 janvier 1868, soit au total :

34.674.767 de francs et chercher à réduire, à supprimer même pareil revenu

est tout simplement incompréhensible, incohérent... Mystère!!!

Non, point de mystère.

Qu'on sache bien que l'Etat ne se fera jamais assureur dans un but social, s'il le devenait, ce serait uniquement pour caser sa clientèle politique.

Actuellement l'Etat intervient directement dans l'industrie privée en employant les deniers publics à favoriser un type déterminé de caisse de crédit et d'assurance, qui nous conduit directement au Collectivisme. Pour arriver à ses fins le Gouvernement fit voter sans débat à la Chambre et au Sénat un projet de loi qui fut inséré au *Journal Officiel* du 14 juillet 1910, dont voici la teneur:

« Article unique : Le paragraphe de l'article premier de la loi du 5 novembre 1894 est et demeure modifié de la façon suivante :

« Des Sociétés de Crédit agricole peuvent être constituées, soit par la totalité ou une partie de membres d'un ou plusieurs Syndicats professionnels agricoles, soit par la totalité ou une partie des membres d'une ou plusieurs Sociétés d'assurances Mutuelles agricoles, régie par la loi du 4 juillet 1900; elles ont exclusivement pour objet de faciliter et même de garantir les opérations concernant la production agricole, et effectuées par ces Syndicats et ces Sociétés d'assurances, ou par des membres de ces Syndicats et de ces Sociétés d'Assurances ainsi que par les Sociétés coopératives agricoles constituées d'après les dispositions de la loi du 29 décembre 1906. »

Ainsi voici l'institution des caisses d'Etat réalisée. Voyons leur fonctionnement :

Le rapport adressé au Président de la République par le Ministère de l'Agriculture, extrait du *Journal Officiel* du 22 février 1915, va nous fixer sur le chiffre des avances consenties par l'Etat :

« Paris, le 20 février 1915.

« Monsieur le Président,

« Suivant l'usage et pour me conformer aux prescriptions de la loi du 31 mars 1899, j'ai l'honneur de vous rendre compte du fonctionnement des Caisses de crédit agricole mutuel et des résultats obtenus en 1913.

« Je pensais vous adresser bien plutôt le présent rapport et j'avais déjà réuni tous les éléments nécessaires à son établissement quand la mobilisation est venue, en dispersant le personnel du Ministère, ajourner la publication d'un travail, auquel les circonstances n'ont permis que tout récemment de mettre la dernière main.

« J'avais notamment fait procéder dès le mois de mai dernier, par le service de l'inspection du Crédit agricole, à la vérification sur place des chiffres fournis sur leurs opérations en 1913 par les Caisses régionales et cette vérification avait montré la nécessité de faire modifier quelques-uns de ces chiffres, en raison d'interprétations inexactes données par plusieurs Caisses régionales à certaines rubriques du questionnaire que leur adresse mon administration à la fin de chaque exercice.

« Comme en 1912, il existait à la fin de 1913 quatre-vingt dix-huit Caisses régionales, ayant reçu des avances de l'Etat.

« Ces avances qui s'élevaient (remboursements déduits) au 31 décembre 1912 à 81.229.181 fr. 97 se sont accrues au cours de l'exercice d'une somme de 14.780.228 fr. 51 et leur montant s'est d'autre part trouvé réduit du total des remboursements effectués soit : 2.105.145 fr. 34. En conséquence l'ensemble des avances à la disposition des Caisses régionales atteignaient au 31 décembre 1913 : 93.904.265 fr. 14. » (1).

On peut se rendre compte des tendances collectivistes du Gouvernement actuel, en jetant un regard sur les comptes individuels accordés à ces 98 Caisses régionales, que les groupements se composent de 382 Sociétés coopératives faisant concurrence au Commerce et à l'Industrie, qui se répartissent de la manière suivante :

55 Laiteries et beurreries;
124 Fruiteries et fromageries;
60 Vinicoles;
14 Oléicoles;
5 Vinicoles et oléicoles;
29 Distilleries;
2 Féculeries;
69 Utilisation de matériel;
24 Diverses.

Il serait fastidieux de développer en présence de l'établissement de ces Coopératives et des millions mis à leur disposition par l'Etat, que nous allons non seulement au Collectivisme, mais aussi à la ruine de la France.

« Créez des Sociétés de Crédits agricoles, créez des Sociétés Mutuelles d'assurances locales, disent nos politiciens, je vous ferai obtenir des subventions. Votez pour moi, par mes hautes relations, je suis mieux à même que les candidats concurrents, de vous faire obtenir d'importants crédits. »

Les crédits et les subventions accordés deviennent un moyen d'action politique. Ce sont les fonds publics de la propagande électorale.

Si nous examinons le fonctionnement des Caisses d'Etat, en ce qui regarde les assurances traitées par elles, qu'il s'agisse de la Branche-Vie ou de la Branche-Accident, nous apercevons : un **statu-quo** absolu, il manque en elles, ce moteur qui fait agir les hommes, cette force qui pousse les êtres à accomplir leur destinée : L'intérêt personnel.

Un chef de bureau du Ministère, ou même un directeur, se soucie fort peu de voir les institutions, dont il a la charge, prendre de l'ampleur, de l'extension, qu'elles existent pourvu que son emploi subsiste, cela lui suffit.

Pour les assurances accidents, la comparaison des opérations des recettes et des dépenses effectuées depuis 1868 jusqu'au 31 décembre 1913 au titre des assurances collectives, fait ressortir un excédent de recettes de 35.894 fr. 35.

Ces chiffres démontrent que le Monopole des assurances aboutirait au même point mort que le « **Milliard des Congrégations** ».

Les Monopoles d'Etat ne peuvent avoir d'autre but que de leurrer ceux qui y placent leurs espérances, de supprimer l'initiative privée qui a tant produit de bienfaits pour l'humanité depuis 1789, et de porter une grave atteinte à la liberté dont l'homme doit jouir selon ce que la nature l'a doué.

Le Collectivisme qui résulterait du Monopole d'Etat, ne pourrait que profiter aux citoyens qui représenteraient l'Etat au détriment des citoyens les plus

(1) Ainsi les avances ont augmentés dans une seule année de 12 millions 675 mille 083 francs 17 cent.

nombreux sur lesquels tomberaient toutes les charges publiques, ce serait non seulement revenir au moyen-âge, mais à l'esclavage de l'humanité.

Aussi : A bas les Monopoles d'Etat et vive la Liberté!

Déjà plusieurs personnalités et Groupement économique se sont levés contre la main-mise de l'Etat sur les industries privées.

M. Charles DUPUY, ancien Président du Conseil et Sénateur de la Haute-Loire, présidant un banquet corporatif, s'est exprimé en ces termes : « J'ai cru longtemps que le Monopole était un instrument possible de réformes sociales. En toute sincérité, je pense, aujourd'hui que les Monopoles ne règleront pas la question. »

On ne saurait mieux dire; mais combien de parlementaires ont le courage de reconnaître qu'ils se sont trompés?

M. J. ROCHE, ancien Ministre du Commerce, a depuis, dans un excellent discours qui a servi de prélude à la discussion du budget de 1910, développé sous une forme très éloquente, quelques-unes des raisons qui militent contre l'Etatisme.

« Vous semblez croire Messieurs, dit-il, que ce qui s'appelle le problème social dans son ensemble, peut se résoudre arbitrairement par des lois et par l'action de l'Etat.

« C'est là une erreur, comme le prouve l'Histoire. Les progrès accomplis dans le monde ne l'ont jamais été par l'action socialiste Etatiste. Aussi, quand on dit : La République et le Socialisme ne sont pas inséparables, indissolubles, je réponds : Non! La législation socialiste vous la trouverez chez nous dans les lois de l'ancien régime, dans les ordonnances, les édits royaux, tous inspirés par l'esprit Etatiste. Rappelez-vous le mot fameux : « L'Etat c'est moi! » Et de fait, aujourd'hui des républicains disent volontiers : « L'Etat, c'est nous, c'est la Chambre! » Eh bien non! L'Etat ce n'est pas la Chambre, ce n'est pas la loi, la nation et l'Etat sont deux choses différentes.

Certaines propositions de loi, émanant du parti socialiste, sont la reproduction pure et simple de disposition de l'ancien régime; elles pouvaient se comprendre alors avec le système monarchique absolu et de droit divin. Mais les reprendre aujourd'hui, et c'est ici qu'éclate la contradiction, c'est aller contre la démocratie, c'est abandonner l'esprit républicain et la conception de la Grande Révolution de 1789, de l'Assemblée Nationale, de l'Assemblée constituante qui présidaient de la déclaration des Droits de l'Homme dans leur intégralité, etc., etc.

L'Assemblée générale annuelle de l'Association de l'Industrie et de l'Agriculture française tenue sous la présidence de M. MÉLINE a adopté aussi le vœu suivant :

« Considérant que l'institution du Monopole des assurances au profit de l'Etat, mettrait absolument l'assuré à la merci de l'assureur; qu'en outre, il causerait certainement des pertes au Trésor au lieu de lui procurer des bénéfices;

« Emet le vœu :

« Que toute proposition de loi tendant à la création de nouveaux Monopoles soit rejetée;

« Que le champ des opérations commerciales de l'Etat ne sorte pas des limites actuelles. »

Le Ministère du Travail semble avoir adopté un moyen d'exproprier sans indemnité les Compagnies d'assurances.

Examinons ce moyen.

Une étude faite dans le *Journal des Assurés* en date du 16 mars 1914, adressée à nos Parlementaires, met en relief les usages adoptés depuis quelques années par le Ministère du Travail dans le but de rendre possible l'expropriation sans indemnité des petites Compagnies d'assurances régies par le décret du 22 janvier 1868.

Pour y parvenir, par un décret en date du 26 juin 1913, un fonctionnaire juridique du Ministère du Travail a été délégué à l'effet de fournir oralement ou par écrit aux procureurs généraux et aux procureurs de la République tous renseignements d'ordres judiciaires ou techniques en ce qui concerne les Sociétés d'assurances et les diverses entreprises de Capitalisation et d'Epargne, lequel a le pouvoir de déposer des plaintes contre les diverses Sociétés.

Il est indiscutable qu'une Société ainsi attaquée (et il y en a eu dit-on plus de cent cinquante, et ce sera une des hontes du régime), ne peut continuer convenablement ses opérations. Les administrateurs qui ne sont pas toujours des hommes d'affaires et surtout des combatifs, abandonnent les dirigeants, l'entreprise périclite et bientôt elle est acculée à la déconfiture et le tour est joué!

L'Etat l'a expropriée sans indemnité, au grand préjudice de ses bailleurs de fonds, et il arrive que lorsque des liquidateurs sont nommés, que les sociétaires perdent également le fruit de leurs économies placées dans l'entreprise, car nous n'ignorons pas que les frais des liquidateurs absorbent généralement tous les capitaux qui leur sont confiés.

M. Léopold MABILLEAU, Président de la Fédération Nationale de la Mutualité Française et Directeur du Musée social, s'est élevé dans un article paru dans le journal **Le Matin**, le 27 juin 1913, contre les procédés dont étaient victimes les Sociétés Mutuelles et ce, dans les termes suivants :

« La « Chasse » sans réserve et sans mesure, faite à ces Sociétés Mutuelles, en tant que telles, soulèveront sans nul doute un tole démocratique, absolument justifié. »

Notre Ministre actuel des Finances, M. RIBOT, a prononcé à la Chambre, dans la séance du 7 mai 1915, les paroles suivantes que l'on fera bien de ne pas oublier :

« Il faut apporter un esprit autre que celui qui a présidé jusqu'ici à nos affaires. »

Il y a dans cette phrase une multitude de sous-entendus.

Je reproduis ce qu'un homme (1) imminent, dont la réputation comme économiste est universelle, a dit dans l'**Economiste Français** du 21 mars 1914 :

« L'Etat Moderne est essentiellement corruptible, corrompu, incohérent; la troupe qui s'empare du Gouvernemnt en fait sa chose et cherche à en tirer le plus d'avantages personnels possible; elle se gave ainsi que sa clientèle.

« Comment des gens réfléchis peuvent-ils être assez insensés pour confier à l'Etat, c'est-à-dire à ces équipes d'intrigants intéressés et inassouvis qui dominent, sauf de rares et passagères exceptions, les Ministères et les Administrations publiques, des tâches de plus en plus compliquées et de plus en plus lourdes? »

Appréciations tout à fait justes!

Ainsi donc le premier devoir de l'Etat est de respecter la propriété, car la propriété est le droit social et « elle est inviolable ». Ainsi que le disait Napoléon devant le Conseil d'Etat en 1809, ce que M. Portalis, le principal rédacteur du Code Civil, commentait en ces termes : « Le principe du Droit de propriété est en nous, il n'est point le résultat d'une convention humaine ou d'une loi

(1) Monsieur Paul Leroy-Beaulieu, Membre de l'Institut.

positive. Il est dans la constitution même de notre être et dans nos différentes relations avec les objets qui nous environnent. »

Pour réaliser la propriété, quelque soit la nature des produits dont s'occupe la science des richesses, deux choses sont nécessaires : le travail et le **Capital.**

Ainsi, dès le début de l'humanité, le travail devint la cause première de la nécessité de son existence et de ses progrès. Toutefois, il conserva longtemps le stigmate dont le créateur l'avait marqué et à mesure que les Sociétés s'établissent, ceux qui avaient plus d'aptitudes au travail, soit plus d'intelligence ou plus de force, prédominèrent dans les Sociétés.

Le Christ en se livrant lui-même, dans son enfance, aux occupations les plus vulgaires et plus tard, aux jours de sa prédication, a donné au travail un but de sanctification. Aussi, le travail est-il la raison d'existence de tout être humain dans les société modernes, surtout où la valeur réelle de l'homme repose entièrement dans son utilité matérielle et morale.

La principale qualité nécessaire au travail pour produire le maximum de sa puissance, c'est la liberté. Forcer un individu à suivre une carrière qui ne lui plait pas, l'entraver dans l'exercice d'une profession préférée, c'est non seulement une injustice évidente, une atteinte au droit naturel mais encore une erreur économique dont les conséquences pèsent sur l'ensemble de la production.

Pendant tout le Moyen-âge et jusqu'à la Révolution française, le commerce et l'industrie, confinés dans les corporations, étaient régis par des règlements arbitraires souvent en désaccord complet avec le bon sens et avec l'intérêt général. Chaque profession avait ses limites déterminées qu'elles ne pouvaient franchir sans se heurter à la loi et sans soulever les colères d'une profession rivale : les couteliers, fabricants de manches ne pouvaient fabriquer des lames, les filateurs ne devaient pas filer ensemble le chanvre et le fil, il était défendu aux savetiers de faire des souliers neufs, etc., etc... Les corporations étaient soumises à des règlements particuliers et fermés à tout individu non reconnu « Maître » en sa partie et, pour obtenir ce brevet, que de difficultés il fallait surmonter. Nul ne pouvait être maître sans avoir fait un apprentissage qui, dans certains métiers, était porté à dix et même douze ans, et sans avoir exécuté ce que, dans le langage du temps, on appelait « Le Chef d'œuvre ».

La conséquence de ces nombreuses entraves à la liberté, de cette contrainte et de ces règlements imposés aux hommes et aux institutions a créé un ralentissement dans le progrès du commerce et de l'industrie.

Il suffit d'examiner l'ensemble de notre richesse actuelle pour se convaincre que la liberté du travail a produit d'immenses et heureux résultats. Nous lui devons nos grands inventeurs, nos ingénieurs, nos artistes et nos savants.

La liberté du travail est, disons-nous, de droit divin.

Ainsi toute loi, apportant une entrave à cette liberté, est une loi inique et immorale.

Grâce aux déclarations des prétendus défenseurs du droit de l'ouvrier, le capital est représenté à certaines classes de la Société, comme un épouvantail, comme un obstacle à tout progrès social et matériel.

Quel est l'origine du Capital, sinon l'accumulation du travail, c'est avec du travail économique que le Capital se forme.

Supposez deux ouvriers, doués de la même activité et de la même intelligence; confiez-leur le même travail et attribuez-leur le même salaire, huit francs par jour. L'un d'eux, rangé, économe, dépensera pour sa subsistance et celle des siens, 6 francs par jour et mettra de côté deux francs. tandis que son compagnon, imprévoyant et léger, dépensera son gain journellement. Or, l'épargne de l'ouvrier économe, accumulée avec un soin et une régularité extrême, s'élèvera à la fin d'une année, à la somme d'environ 750 francs et formera ce que l'on appelle un Capital. A l'aide de ce capital, accru par de nouvelles économies, l'ouvrier pourra, au bout d'un temps déterminé, acquérir les moyens de s'établir, de travailler pour son compte, pendant que son camarade, toujours sans ressources et sans avances, sera contraint de rester peut-être toujours simple ouvrier.

Le Capital a une utilité réelle, car sa formation n'offrirait aucun intérêt, si elle ne devait aboutir qu'à une simple accumulation de travail et de peine, sans profit et sans résultat appréciable.

Or, il n'en est pas ainsi.

L'un des grands faits généraux qui découlent de l'existence du Capital, c'est l'allègement graduel de la charge du travail à mesure que le Capital se développe et que la production s'accroît.

Autrefois, dans les ateliers, on travaillait douze heures par jour et les occupations étaient extrêmement pénibles, pour obtenir un résultat souvent très faible. Aujourd'hui, grâce au Capital, qui a permis d'apporter dans les usines l'introduction des machines, on ne travaille plus que dix heures et même huit heures dans certaines usines; la production est beaucoup plus considérable et les ouvriers ne supportent pas la dixième partie des fatigues de leurs devanciers.

Le Capital a donc une utilité réelle, immédiate et l'on ne saurait trop s'appliquer à le former et à l'accroître. Malheureusement, beaucoup de gens ont de la peine à se décider résolument à cette mesure de prévoyance : la plupart ne songent pas à économiser un Capital par cette raison que les sommes qu'ils pourraient y consacrer leur paraissent trop minimes.

C'est là une erreur très grave et qu'on ne saurait trop combattre.

Les premiers mille francs sont, il est vrai, difficile à gagner; mais, lorsqu'on les a mis en réserve, combien ils s'accroissent en devenant la cheville ouvrière de la situation indépendante de l'épargnant.

Le Travail et le Capital ne peuvent rien sans l'autre, nous en reconnaîtrons la justesse et l'exacte vérité de ce principe, dans l'énumération suivante :

Je suppose qu'un cultivateur économise tous les ans une somme assez importante sur la vente de sa récolte. Avec le montant de ses épargnes, il achètera sans doute des prés, des vignes et du bétail, ou bien il placera son argent en valeurs mobilières, actions ou obligations, de façon à augmenter peu à peu son Capital et ses revenus.

Ce Capital, de nouveau fécondé par le travail, donnera des produits plus considérables qui, s'accumulant tous les jours, procureront une grande richesse à leur possesseur.

Mais admettons que, au lieu de placer ses économies, son Capital, dans l'industrie, dans le commerce ou, comme cela se fait le plus souvent, dans l'achat de pièces de terre, ce cultivateur ait entassé ses écus dans un bas de laine et qu'un jour, fatigué ou incapable de travailler, il soit contraint pour vivre à prendre sur ce Capital.

Qu'arrivera-t-il?

C'est que cette réserve, n'étant plus entretenue par de nouvelles épargnes et par un travail constant, s'épuisera rapidement et que l'imprévoyant cultivateur sera bientôt réduit au plus complet dénuement, à la plus affreuse misère.

Ainsi donc, sans le travail, pas de Capital, mais aussi, ajouterons-nous, sans le Capital, pas de travail rémunérateur.

On a voulu, de tout temps, créer un antagonisme entre le Capital et le travail entre le patron et l'ouvrier.

Qu'est-ce donc qu'un patron?

C'est un ouvrier économe, rangé, qui s'est créé un capital et s'en est servi pour créer ou acheter un établissement.

Tous les jours vous voyez de braves et honnêtes ouvriers sans fortune et sans appui qui, à force de travail et d'économie, s'élèvent peu à peu, se procurent des outils, des matériaux pour faire eux-mêmes, et pour leur propre compte, quelques petits travaux en dehors de leur tâche habituelle; puis, un jour, ils achètent une boutique, où, ils fondent une industrie, dans laquelle ils emploient des ouvriers et des apprentis. Ils deviennent ainsi patron à leur tour.

J'ai connu tout particulièrement un homme, orphelin à l'âge de treize ans, devenu cloutier de son état, travailler toute la semaine à l'atelier et aller vendre le dimanche et le lundi, sur la place du parvis de Notre-Dame (1) des articles de bazar et finir par prendre boutique et s'enrichir, ce qu'il n'aurait pu faire si, comme ses camarades, il était resté oisif le dimanche et avait passé celui-ci dans les cabarets (1).

Or, qu'il s'agisse d'un modeste atelier, d'une grande boutique ou d'une riche entreprise, pour en devenir le propriétaire ou le chef, il a fallu posséder un Capital et ce Capital ne peut être que le résultat d'un travail antérieur et d'épargnes laborieusement amassées, soit par le possesseur actuel, soit par ses ascendants, dont il est solidaire.

« Le Crédit » favorise l'accumulation des Capitaux et est un important instrument de production, de même aussi il ne peut se développer et atteindre toute sa force et toute son étendue qu'à la condition de ne pas apporter d'entrave à son développement et, au contraire, de veiller à la sécurité des organes qui y coopèrent. Or, parmi ceux-ci, de petits banquiers et des démarcheurs ont été pendant ces dernières années traqués et, le plus souvent sans motifs, mais à l'instigation des grands établissements, lesquels n'accordent aucunes facilités au développement des petites affaires. Celles-ci ne reprendront leur essort que sous régime de la liberté, de la liberté intégrale.

Cela sera la première tâche de la prochaine législature.

Dans la Grèce ancienne, Solon, comprenant que l'argent est une marchandise comme les autres, dont le prix s'élève en raison inverse de son abondance sur le marché et en raison directe de la demande, avait affranchi le taux de l'intérêt de toute fixation arbitraire et de toute restriction légale. C'est là, sans aucun doute, sous ce régime de liberté, une des causes qui peuvent le mieux expliquer l'essor industriel et commercial dont Athènes nous donna le spectacle au temps de sa grandeur.

C'est de l'Italie, le berceau du commerce comme celui des arts, que nous est venue la banque, telle qu'elle est pratiquée aujourd'hui, et c'est aux croisades que cette intelligente nation en dut la création et le développement. Jusque-là, le prêt d'intérêt, confondu avec l'usure, avait été proscrit par la religion qui, par suite d'une fausse interprétation des lois de l'échange, le considérait comme une violation directe de la volonté divine et le commerce de l'argent abandonné par les nations chrétiennes, s'était réfugié chez les Juifs et les Lombards. Mais, peu à peu, la rigidité des lois avait cédé à la force des choses, et la banque, provoquée par les embarras même des Fidèles appelés en Terre Sainte, n'avait pas tardé à reparaître comme une nécessité sociale.

A **Florence**, ville qui devint si florissante, le commerce du change et de la banque se faisait en pleine rue. Les banquiers, portant le nom de Cambiatori ou changeurs, étaient assis devant une petite table, couverte d'un tapis vert et avaient devant eux des sacs d'écus et un livre de comptes : c'était là qu'aux jours de grands marchés les commerçants venaient les trouver pour échanger leurs valeurs ou traiter d'affaires.

Alors les développements du commerce et des banques marchèrent de pairs.

Les banques et les établissements de crédit ont un intérêt très direct à ce qu'aucune entrave ne soit porté au commerce de l'argent.

Si l'existence de prêteurs directs leur enlève, par la concurrence et par la réduction dans certains cas du taux de l'intérêt, une partie importante des affaires des localités où ils opèrent, d'autre part, elle donne des sources nouvelles

(1) En 1848 on tolérait encore la vente par quiconque dans les rues de Paris.

(2) Les lois récentes élaborées par le ministère du travail et votées par le parlement sont iniques parce qu'elles portent une entrave à la liberté du travail et empêchent certains travailleurs de procurer un peu plus de bien être à leur famille en travaillant suivant leur bon plaisir.

de profit et la facilité de se faire ouvrir un compte courant aux petits prêteurs et escompteurs au moyen duquel ceux-ci prennent eux-mêmes et présentent à l'escompte de ces banques et établissements, le papier que, faute d'un nombre suffisant de signatures connues, la Banque de France n'accepterait pas, et qu'ils écoulent eux-mêmes à un taux plus élevé. De là une différence d'intérêts qui est un bénéfice immédiat lequel, pouvant se renouveler et se multiplier dans une étendue qui n'a pas de bornes que celles de leur crédit excédera bientôt celui qui leur fournirait leur Capital propre. Par suite de la faculté qui leur est concédée d'escompter à ces banques et établissements, ils peuvent étendre leurs affaires dans des proportions qui dépassent le montant de leur Capital et rendent, de ce fait, un bienfaisant service à la petite industrie et au petit commerce, aussi le besoin, l'urgence se font-ils sentir de la résurrection de ces maisons d'escomptes, car c'est d'elles que viendra l'essor et la prospérité du commerce et de la petite industrie.

Le droit d'échanger un objet contre un autre, de vendre un produit quelconque moyennant une somme d'argent déterminée, semble une liberté fort naturelle, cependant cette liberté, cette faculté inhérente à la nature humaine, n'a pas toujours été respectée, et, pendant bien des siècles, chez un grand nombre de peuples, le droit d'échange a été méconnua au préjudice des progrès matériels et moraux de l'humanité.

A **Rome,** le Commerce était considéré comme un acte avilissant et, pour cette raison, était abondonné aux plébéiens et aux esclaves. Quiconque était revêtu d'une dignité ou jouissait dans la République d'une grande fortune, d'un nom aristocratique, et même seulement du titre de citoyen romain, ne pouvait se livrer, sans infâmie à un acte mercantile que réprouvait les mœurs guerrières et hautaines du peuple conquérant.

Pendant le moyen-âge et jusqu'à la Révolution française, les entraves les plus vexatoires ont été apportées à la liberté du commerce et des règlements étroits en gênaient même l'exercice, cependant, quelques exceptions étaient faites en faveur des foires et des marchés. Le nombre s'en multipliait sans cesse et les revenus qu'il procurait aux rois poussaient ceux-ci à en accroître l'importance.

La foire du Landy, qui se tenait entre la Chapelle et Saint-Denis et durait quinze jours, était l'une des plus considérables du Moyen-âge et réunissait une grande quantité de marchands de tous métiers; chaque profession y avait sa place réservée, les draps, la mercerie, les fourrures, les objets les plus variés en or et en argent, jusqu'à des chevaux et des bestiaux y étaient exposés et attiraient une nombreuse clientèle.

La chute du système féodal apporta peu d'amélioration à la situation faite depuis des siècles au commerce. Des barrières nombreuses s'élevaient à l'entrée et à la sortie de chaque contrée; le moindre comté formait un Etat dans l'Etat et les marchands étaient accablés de redevances qui rendaient leur profession très lourde et parfois insupportable.

La Révolution de 1789, abolit les entraves qui arrêtaient partout l'essor de l'esprit commercial, détruisit les privilèges et les péages féodaux qui échiquetaient chaque région et, tirait l'état du commerçant de l'espèce d'infériorité où l'avait relégué les préjugés de l'ancien régime.

Depuis lors, le commerce est devenu libre dans l'intérieur de la France et tous les corps de métiers ont pu établir entre eux cette concurrence qui est une condition essentielle de la vie, du progrès et de la propriété.

Aussi, un des plus grands dangers, non seulement pour la propagation des petits commerçants, mais pour leur bien être : c'est l'extension considérable qu'ont prise **les grands magasins.** Les pouvoirs publics en sont responsables et il y aura lieu de leur en demander compte.

C'est entendu, le commerce doit être libre et peut prendre, en toute justice, un essor considérable, mais favoriser cet essor au détriment de toute une population commerciale, ainsi qu'il l'a été fait à Paris, dénote, de la part des autorités gouvernementales, une non conscience des devoirs incombant aux pouvoirs publics que l'on est autorisé d'admettre que les mansuétudes accordées à ces grands magasins ont été récompensées et que l'on est fondé à dire que jamais les fonctionnaires responsables de l'extension de ces magasins ne pourront se laver des suspicions dont ils sont l'objet.

Car enfin nous diront-ils, ces fonctionnaires, pourquoi ces autorisations de laisser communiquer ces magasins entre eux par des avenues souterraines creusées sous des voies publiques.

Admettons que, si **les Gallo-Français** continuaient à se laisser faire, et qu'il n'y ait à Paris et dans la France entière, puisque ces magasins inondent actuellement toutes les régions de leurs marchandises, que trois ou quatre grands magasins, il est évident que ces peu nombreux établissements, régulateurs du marché des marchandises diverses qu'ils produisent, resteront maître de surélever les prix dans des proportions exorbitantes, qu'ils ne se presseront pas d'améliorer leurs procédés de fabrication et que les chefs finiront par imposer à leurs subordonnés des exigences de collectivisme qui dériveraient de l'esclavage dont nous sommes sortis et avec lequel nous ne désirons nullement faire de nouveau connaissance.

Il est, de plus, évident que si, à côté de ces grands magasins, on laisse non seulement subsister la liberté du petit commerce, mais encore si on favorise celle-ci, il arrivera une émulation commerciale, une concurrence qui profitera en même temps au consommateur et à la marchandise.

Aussi, le devoir des pouvoirs publics sera-t-il de régulariser et de restreindre l'extension que peut prendre à l'avenir les grands établissements financiers ou commerciaux et les élections des députés devront se faire en vue de la réalisation de sauvegarder les intérêts à venir de la masse commerçante, c'est-à-dire de tous, car nous pouvons et avons le droit de devenir commerçant, non seulement pour nous sauver de la misère, mais encore pour amener dans notre famille le bénéfice de notre travail.

Tant que le Commerce resta le monopole de quelques peuples favorisés par leur situation géographique ou de compagnies privilégiées, il resta libre. Les pays qui ne possédaient ni marine, ni port de mer trouvaient très agréable de recevoir sans peine les denrées des deux hémisphères et les richesses des climats les plus variés, ils ouvraient aux commerçants du monde entier les routes de leurs marchés, les protégeaient contre toutes malversations et leur donnaient en échange de leurs marchandises les produits de leurs propres industries.

Mais, quand les nationalités se formèrent, que les frontières de chaque peuple furent délimitées, que les idées de prépondérance et de domination entrèrent dans l'esprit des gouvernements, les rivalités naquirent.

Le peuple qui avait importé le plus de marchandises, c'est-à-dire celui qui avait livré en échange une plus grande quantité de monnaie, il avait fait dans l'hypothèse une mauvaise affaire.

Le peuple, au contraire, qui avait plus exporté qu'importé, avait reçu une plus grande quantité de numéraire et, par conséquent, il avait réalisé un bénéfice.

Or, il arriva que pour conserver cet or et cet argent, acquis soit par des transactions commerciales, soit des traités à la suite de conquêtes, les gouvernements élevèrent, à l'importation des marchandises étrangères, une barrière presque infranchissable, le régime des prohibitions fut mis en honneur, les gouvernements édictèrent des règlements sévères ou des ordonnances draconiennes, pour défendre l'introduction, sur un point quelconque de leurs Etats, des articles façonnés ou des objets naturels exotiques, ou bien ils les frappèrent de droits tellement exorbitants que leurs sujets ne pouvaient se les procurer et avaient intérêt à préférer les produits indigènes.

C'est ce qu'on appelle le système protectionniste.

Jean-Baptiste Say, dont le nom a été universellement connu et estimé, avait défini ce système à sa juste valeur : « Vouloir mettre en sa faveur la balance du commerce, c'est-à-dire vouloir vendre des marchandises et se les faire payer en or, c'est ne vouloir point de commerce; car le pays avec lequel vous commercerez ne peut vous donner en échange que ce qu'il a. »

Quel pays eut jamais plus de puissance que l'Espagne au XVIe siècle, sous le règne de Charles-Quint et de Philippe II? Le Mexique et le Pérou lui appartenait et l'enrichissait de leurs dépouilles. Des contrées les plus lointaines de sa merveilleuse conquête, l'or et l'argent lui parvenaient en quantité énorme et on lui expédiait des cargaisons nombreuses de cochenille, d'indigo et de vanille, dont elle retirait de gros bénéfices.

Cependant, jalouse de s'approprier exclusivement les ressources de ses colonies et de s'assurer leur entier approvisionnement, elle ne tarda pas à créer mille obstacles au commerce de l'Amérique avec les autres pays.

Qu'arriva-t-il?

L'or et l'argent abondèrent dans la Péninsule, les mines du Pérou répandirent promptement dans la population le goût du luxe et de l'oisiveté et, plus tard, tandis que le reste de l'Europe s'éclairait et développait son industrie, l'Espagne marcha à la décadence. Le travail fut interrompu, les ateliers se fermèrent, la paresse et l'insouciance entrèrent dans ses mœurs; malgré ses efforts pour les retenir, ces métaux précieux qu'elle avait recherché avec ardeur et qu'elle s'était donné tont de peines à amonceler s'éliminèrent de toutes parts pour alimenter la circulation de pays laborieux et sa puissance s'évanouit.

Richelieu conclut des traités de commerce qui dérogeaient aux doctrines restrictives jusque là pratiquées; il obtint de l'Angleterre la libre importation chez elle des vins de Bordeaux par des navires français; du Danemarck, l'abaissement des tarifs pour le passage du Sund, et des Russes le libre transit de nos voyageurs de commerce à travers leurs pays pour aller trafiquer en Perse, en Tartarie. Le Maroc accorda la liberté des transactions, puis il envoya des consuls dans les échelles du Levant, à Alep et à Bassera.

Mais bientôt, des intérêts privés firent entendre des récriminations, on se plaignit d'être envahi par les marchandises étrangères, qui, au dire des pétitionnaires, faisaient aux produits indigènes une concurrence mortelle, et des rapports pressants furent adressés au gouvernement pour réclamer un régime protecteur en faveur des industries françaises, en d'autres termes, pour demander la fermeture de nos frontières aux produits étrangers.

La prohibition fut de nouveau inscrite dans nos lois commerciales, et l'un des plus grands ministres du XVIIe siècle, Colbert, en fit la base de ses règlements extérieurs. Il n'aimait pourtant pas l'isolement en matières de transaction. « **La Liberté est l'âme du commerce** », disait-il, il faut maintenir la liberté sans laquelle le commerce ne peut s'établir ni prospérer. »

Cependant il commit l'erreur de suivre ses devanciers, comme il trouva à sa venue au pouvoir le régime de protection en vigueur, loin de le répudier, il s'efforça de lui donner une organisation. Des tarifs spéciaux furent étudiés, les restrictions mêmes s'accentuèrent peu à peu, mais elles furent suivies de représailles terribles des pays voisins et elles aboutirent à faire décroître notre commerce, à exciter contre nous l'animosité des puissances étrangères et à susciter les guerres de tarif qui ont ensanglanté cette période de notre histoire.

Ce fut là une des conséquences funestes du régime douanier du XVIIe siècle et, malgré les services éminents rendus à la France par Colbert, nous ne saurions taire que son œuvre, en ce qui concerne le commerce extérieur, a contribué à reculer d'un siècle et demi, les progrès de nos relations et le développement de nos transactions commerciales.

Mais, vers le milieu du XVIIIe siècle, une lutte ardente s'engagea en faveur de la liberté du commerce, le spectacle des misères du royaume avait attiré l'attention des hommes d'État et l'on sentait que le régime prohibitif était funeste à la propriété publique.

La France se trouvait isolée, après avoir perdu une partie de ses débouchés, pendant que l'Angleterre, triomphante, régnait partout sur les mers, multipliait ses fabriques, en distribuait les produits dans le monde entier et commençait l'édifice de sa puissance commerciale.

Jusque dans la première moitié du XIXe siècle, le système protecteur a trouvé des défenseurs ardents qui l'ont mis en pratique et l'esprit de liberté ne s'infiltre dans nos mœurs que difficilement et par degrés imperceptibles. Pour combattre les partisans du libre échange, on inventa un langage spécial qu'on croyait capable d'impressionner l'opinion publique et on afficha la prétention hautaine d'être indépendant de l'étranger, c'est-à-dire de ne rien lui acheter, de cesser toutes relations d'affaires avec lui, comme si les peuples n'étaient pas tous dépendant les uns des autres, au point de vue matériel et n'avaient pas entre eux une communauté intime de besoins et d'intérêts.

Pendant le second Empire, la liberté commerciale a fait d'immenses et précieuses conquêtes. Le traité de 1860 avec l'Angleterre que l'on a dû à l'initiative personnelle et éclairée de l'empereur Napoléon III, nous a permis d'envisager les bienfaits qui en sont résultés, celle d'une époque **fabuleusement florissante.**

La concurrence y avait développé l'esprit de travail et la valeur des produits en y créant par conséquent de très grandes richesses.

Jetez les yeux sur ce qui a été fait pendant cette période de 1860 à 1870, examinez les fortunes qui se sont établies à l'intérieur de l'Empire et les résultats du commerce extérieur; comparez-les, avec ceux des époques passées et relativement avec ceux des pays étrangers de 1870 à 1910 et vous serez édifiés sur la puissance de la concurrence, en un mot sur les bienfaits de la liberté du commerce.

Néanmoins actuellement, il nous faut un système mixte; mi-protectionniste et mi-libre échangiste.

Nous avons dit que le **Socialisme,** dans sa haine pour le **Capital,** essaie tous les jours de représenter le **salariat** comme une des formes de l'exploitation de l'homme par l'homme et nous avons démontré le peu d'illogisme que l'on doit accorder à la conception des maximes de soi-disant défenseurs de l'ouvrier.

Pour que le salariat autorisât l'exploitation de l'ouvrier par le patron, il faudrait que le premier ne fût pas maître de son temps et de lui-même et que soumis corps et âme à son maître, il ne pût débattre les conditions de son travail.

Or, dans notre pays surtout, où la liberté du travail subsiste encore après avoir été implantée par le Christianisme comme un droit religieux et naturel, un semblant servage n'existe plus, il n'est pas, jusqu'au moindre individu de la race humaine qui n'ait le droit de refuser son temps et ses services à moins d'une rémunération librement consentie de part et d'autre.

D'aucun objecteront peut-être que dans les stipulations avec le Capital, celui qui reçoit un salaire est placé dans une condition inférieure, parce qu'il ne peut pas toujours attendre, que la faim est une nécessité à laquelle il lui faut immédiatement satisfaire et que, le plus souvent, il est moins en état d'imposer sa volonté que de subir celle du patron.

Ce raisonnement repose peut-être sur quelque fondement, mais ce n'est pas au salariat qu'il faut s'en prendre et cette infériorité qu'on exploite avec ardeur ne tient pas au mode de rémunération qui porte à ce nom de salaires, sa cause réside presque entière, ainsi que nous l'avons démontré, dans le peu de prévoyance de l'ouvrier qui ne sait pas se constituer des économies et qui, vivant au jour le jour, ne peut pas, sans un grave inconvénient, perdre même une heure pour discuter le taux de son salaire.

Si le salaire est la rémunération du travail, il doit nécessairement obéir aux lois économiques qui régissent le travail. Or, ce dernier étant une espèce de marchandise et, comme telle, soumis à des fluctuations fréquentes provenant de causes très diverses, le salaire qu'il produit ne garde pas toujours, lui aussi, la même mesure et ne tend pas au même niveau. Son taux varie comme le travail dont il est le prix, et monte ou baisse selon que celui-ci est plus ou moins demandé ou plus ou moins offert; en d'autres termes, le prix courant du travail dépend du rapport qui existe entre le Capital consacré à le défrayer et le nombre de travailleurs, ou bien encore il est réglé par le rapport entre l'offre et la demande.

Si, dans un village, les ouvriers abondent à ce point que les bras soient plus nombreux que deux patrons n'en peuvent occuper, la concurrence au lieu d'exister entre les travailleurs, c'est à qui d'entre eux sera admis à travailler. Alors les patrons, prétextant les offres qui leur sont faites, feront leurs efforts pour obtenir la travail au meilleur marché possible; les ouvriers devront subir les fluctuations du salaire.

Lorsqu'il s'agit d'un même lieu et du même temps, si les ouvriers d'un état gagnent huit francs par jour, tandis que ceux d'un autre ordre ne perçoivent que quatre francs, il sera facile de conclure que les premiers touchent le double des seconds, ou, si l'on préfère, qu'avec leur salaire, les uns peuvent se procurer deux fois autant de choses utiles que les autres.

Mais la comparaison sera nécessaire, si on étudie la valeur du salaire dans deux endroits éloignés.

Ainsi cinq francs valent plus au Japon, que dix francs à Paris, comme 10 francs à Paris valent plus que 20 francs à New-Yorck et ce, parce que, par suite du peu d'élévation des prix des subsistances et des objets de nécessité, on peut se procurer au Japon autant de marchandises pour 5 francs qu'à Paris pour 10 francs, de même dans cette ville, on peut se procurer plus de marchandises pour 10 francs„ qu'à New-Yorck pour 20 francs. Il sera donc vrai le dire que le travailleur de Paris, malgré l'apparente infériorité de son salaire est payé plus cher que le travailleur New-yorckais. Si les dépenses étaient les mêmes, c'est-à-dire si chacun d'eux, avec ce qu'il reçoit, vivait aussi bien l'un que l'autre, on pourrait dire que les salaires, quoique différents, sont identiques.

N'entendons-nous pas dire tous les jours qu'on est aussi riche avec 3.000 fr. de rente à Bruxelles qu'avec 5.000 francs à Paris. Cela est exact et il en est de même lorsqu'il s'agit d'une ville de province, où on est plus riche avec 2.000 francs de rente qu'avec 4.000 francs à Paris. Cela veut dire que les besoins étant moins nombreux, au lieu qu'étant les mêmes, ils sont moins dispendieux en province qu'à Paris et qu'on peut, dans les deux cas, avec une somme qui diffère dans la proportion de 1 à 2, obtenir autant d'utilité et autant de satisfaction.

Ces explications font saisir l'énorme différence qui existe entre deux salaires d'époques différentes et que souvent, lorsque les salaires s'améliorent, ce n'est que superficiellement, car l'augmentation des salaires ne fait que précéder l'augmentation des marchandises, néanmoins il est incontestable qu'actuellement l'ouvrier, avec 8 et 10 francs par jour, peut être plus heureux que l'ouvrier d'il y a cinquante ans, avec 5 francs.

C'est donc un progrès réel et sensible sur le passé.

L'inégalité des salaires a souvent été le thème de dissertations erronées et de théories dangereuses.

L'inégalité des salaires s'explique cependant d'elle-même. Il est incontestable qu'il y a une différence notable entre le travail de certaines personnes et celui de certaines autres; par conséquent, il doit exister un écart équivalent entre leur rétribution respective. Or, cette différence peut provenir de la difficulté du travail à exécuter, de l'intelligence que ce travail exige de la part de son auteur, ou bien encore de la défaveur que l'opinion ou le préjugé attache à son accomplissement. Il est évident qu'il y aurait aussi une grave injustice à confondre l'ouvrier ou l'employé qui se lève à 6 heures pour se livrer au travail et qui ne gagne que 10 francs par jour et le gérant d'une entreprise qui, lui, se lève à 7 heures et ne donne à ses occupations professionnelles que six ou sept heures, pour un bénéfice qui peut être triple ou quintuple. Car, tandis que l'un accomplit sa besogne pour ainsi dire comme une machine, sans se préoccuper du rendement de son travail, l'autre a les soucis de l'entreprise, les fatigues de la surveillance et de la direction auxquelles se joignent les tourments provenant de l'écoulement des produits, de la rentrée des sommes dues et des paiements à effectuer, soit aux fournisseurs de la matière première, soit aux ouvriers employés à la mettre en œuvre et de plus c'est de son initiative que le travail a lieu.

Pour acquérir la position qu'il occupe, ce dernier a dû développer ses qualités économiques et intellectuelles, apprendre des leçons qui ont rempli les premières années de sa jeunesse et qui ont coûté des sacrifices d'argent. N'est-il pas équitable, dans ces conditions, que ces sacrifices trouvent leur récompense dans l'avenir. Que ces sommes d'argent, économisées sur son travail ou celui des siens, exposé ensuite dans une entreprise dont une collectivité de travailleurs profite.

Et, d'ailleurs, à la tête de toute œuvre humaine, il est absolument nécessaire qu'il y ait une pensée directrice, une puissance initiatrice sans lesquelles l'œuvre, bien souvent, n'aurait pas exister et qui courrait le risque de péricliter. Serait-il admissible que celui auquel incombe cette délicate et pénible mission n'en soit pas spécialement récompensé par une rémunération plus élevée que celle de ses subordonnés.

Assurément non, et toute opinion contraire ne pourrait supporter le moindre examen. Jamais il ne viendra à l'esprit des gens sensés de songer un instant que le salaire du soldat doit être le même que celui du général. Il en est de même de toute profession qui a exigé une source de travail mise en réserve et constitue, par ce fait seul, un Capital moral ou matériel dont il est de toute justice et équité que l'intérêt se récupère, dans un temps donné, aux profits de l'épargnant.

De tout ce qui précède, il est facile de conclure que le salaire obéit à des lois naturelles qui se meuvent dans le domaine de la liberté et dont nul n'est autorisé à dénaturer le sens ou la portée.

D'une part, l'égalité vraie, constante des salaires n'existe pas : c'est une utopie dont la réalisation sort des limites de la nature. D'autre part, le salariat, ce mot que certains socialistes ont jeté comme un brandon de discorde au milieu des ouvriers ignorants ou égarés par la passion, n'a aucune des significations qu'on prétend lui imposer et nous en avons fait comprendre le véritable sens.

« Qui n'entend qu'une cloche, n'entend qu'un son », c'est le cas ou jamais rappeler ce proverbe. Après avoir écouté les théories subversives et grotesques des sectaires et servi de tremplin aux ambitions des déclassés qui se jouent de lui, il faut maintenant que l'ouvrier ouvre son intelligence à la connaissance des principes de la loi économique, qu'il considère désormais le travail, non pas comme une charge, mais comme un honneur, et son salaire, non pas comme une aumône, mais bien comme le prix des services qu'il rend.

Louis XIV et Napoléon Ier encourageaient l'accroissement de la population en accordant des primes aux mariages féconds. La fertilité est inhérente à l'humanité et à la terre, et plus on lui demande, plus elle donne et plus elle augmente sa puissance.

Qui pourrait soutenir que la prospérité matérielle de la France actuelle est inférieure à celle de la France de nos pères. Que les artisans, les cultivateurs et les ouvriers ne sont pas mieux nourris, vêtus et logés aujourd'hui qu'au XVIe siècle, par exemple? Cependant, à cette époque, la France comptait 15 millions d'habitants à peine, tandis que, de nos jours, sa population atteint près de 40 millions.

Et, cependant, que de terres sont encore à défricher, que de contrées mal définies et inconnues, où la charrue n'a jamais traîné le sillon, où le pied de l'homme n'a pas encore imprimé sa trace et dont les ressources cachées réservent aux générations à venir, d'incalculables surprises! « Si donc, a écrit quelque part l'illustre historien du Consulat et de l'Empire, on pouvait imaginer un jour où toutes les parties du Globe seraient habitées, l'homme obtiendrait, de la même surface, dix fois, cent fois, mille fois plus qu'il n'en recueille aujourd'hui. De quoi, en effet, peut-on désespérer, quand on le voit créer de la terre végétale sur les sables de la Hollande? S'il en était réduit au défaut d'espace, les sables du Sahara, du désert d'Arabie, du désert de Gobi se couvrirait de la fécondité qui le suit partout. Il disposerait en terrasses les flancs de l'Atlas, de l'Himalaya, des Cordillières et vous verriez la culture s'élever jusqu'aux cimes les plus escarpées du globe, et ne s'arrêter qu'à ces hauteurs où toute végétation cesse. Et fallut-il enfin ne plus s'étendre, il vivrait sur le même terrain en augmentant toujours sa fécondité.

Nous n'avons pas à craindre la famine provenant du fait de l'agglomération humaine, la surface du globe ne manquera pas plus aux générations futures qu'elle ne manque aux générations présentes et nous devons comprendre le précepte divin comme il mérite d'être compris. « **Croissez et multipliez.** »

Dieu n'a pas ordonné à l'homme de croître sans discernement et sans mesure, car il fait de la virginité, de la chasteté et de la continence des vertus de premier ordre; il a voulu, par ce précepte, qu'il fut ainsi appliqué : « Croissez », c'est-à-dire devenez plus fort, devenez plus vaillant et plus capable de remplir votre tâche; et, lorsque vous serez devenu plus fort, alors multipliez.

Un proverbe dit : « Pierre qui roule n'amasse pas mousse ».

Le premier devoir de tout être humain est de **posséder la persévérance** et de pousser celle-ci en toute chose qu'il entreprend. Pour arriver au but désiré, il faut être tenace et toujours persévérer dans la décision que l'on a prise, là est le secret de toute réussite.

Néanmoins, de toutes les causes auxquelles on peut attribuer la misère, il n'en est peut-être pas de plus capitale que la prodigalité, ni qui influe davantage sur l'existence matérielle et morale des individus.

Entrez dans l'intérieur d'une famille rangée, sage, économe et vous rencontrerez des visages souriants, des cœurs ouverts et des âmes sereines.

On n'y redoute pas les jours mauvais que l'avenir peut faire naître, on ne marche pas vers l'incertain. Chaque soir, l'épargne, destinée à sauvegarder la famille du besoin quand viendra la vieillesse ou l'adversité, est mise pieusement en réserve et nulle considération ne fait manquer à ce devoir.

Voyez, au contraire, ces familles d'ouvriers, comme il n'en est malheureusement que trop, où le salaire passe tout entier dans des dépenses souvent vaines ou malfaisantes, où nulle pensée d'avenir ne vient adoucir l'amertume du labeur quotidien; le père passe une partie de ses journées au cabaret, tandis que la mère, misérable et souffrante bien souvent, gît dans son taudis et que les enfants se livrent au vagabondage. Là, où règne d'ordinaire l'inconduite et la misère, les mauvaises passions trouvent facilement un aliment et l'anarchie des adeptes.

On nous dit parfois : « Vous nous conseillez la prévoyance, l'épargne; cela vous est facile, mais comment y parvenir quand on gagne que peu de chose et qu'il faut entretenir une famille nombreuse? »

Nous savons bien que la nature humaine est peu portée au sacrifice. Cependant, que de dépenses inutiles ne relevez-vous pas dans le cours d'une journée, d'un mois, d'une année et qui ne laissent aucun souvenir après, si ce n'est celle de la satisfaction passagère. Eh bien! c'est en ces circonstances qu'il faut songer à économiser si vous voulez parvenir à une situation. situation parfois bien petite, suivant l'intelligence de l'épargnant, mais on doit savoir qu'un petit chez soi est plus agréable et profitable qu'un grand chez les autres.

L'économie demande un peu de peine assurément; les commencements sont durs, mais il n'y a que le premier pas qui coûte, et les premiers mille francs, comme je vous l'ai déjà dit, font tant de plaisir! Quand on a pris l'habitude de retenir sur sa dépense courante une somme d'argent pour la mettre en réserve, on le fait ensuite sans difficulté et sans regret, et le résultat final devient la récompense des difficultés du début.

Que n'a-t-on dit, publié, écrit et prêché pour ou contre le luxe.

Il y a luxe et luxe, comme il y a fagot et fagot. « In médio veritas » dit un vieux proverbe, et, en aucune circonstance, jamais axiome ne fut mieux applicable que dans la question qui nous occupe. Ce n'est pas dans les extrêmes qu'on peut trouver l'explication et la raison d'être du luxe, mais dans ce juste milieu où résident la sagesse, le progrès et l'amour du beau et du bien.

On peut dire, avec J.-B. Say, que le luxe est l'usage des choses chères, et que les objets dit de luxe, sont les choses qu'on emploie ni pour leur utilité réelle, ni pour leur commodité, mais pour éblouir les regards et satisfaire à certaines dispositions de bien-être ou de vanité.

Dans ce cas, également, le luxe est encore une chose relative, car selon les époques et les dispositions de fortune, il diffère de forme et d'étendue. Il est certain que ce qui est luxe pour celui qui a 20.000 francs de revenu, peut ne pas l'être pour celui qui en a 100.000, et qu'un objet rare à une époque, et devenu plus tard très commun, aura passé par les deux phases du superflu et du nécessaire. C'est l'étendue de la fortune qui établit la proportion entre les dépenses d'utilité, les dépenses d'agréments et la part réservée à l'épargne. L'ouvrier qui sacrifie un objet utile ou une part du salaire nécessaire à l'existence de sa famille pour acheter une bouteille de bon vin, se livre à une consommation de luxe, tandis que cette dépense faite par un ouvrier qui possède un revenu suffisant n'aura que le caractère d'une consommation prévue, ordinaire.

On ne peut donc pas nier que le luxe soit, en général, une idée relative qui varie selon les temps et les positions individuelles. Ce qui est excès pour l'un peut ne pas l'être pour l'autre et un acte qui n'a rien de répréhensible en soi et peut paraître agréable, sera coupable dans telle situation. Il est parfaitement permis de manger un perdreau ou une caille à déjeuner, et la morale n'y peut rien trouver à redire. Cependant, il serait mal de se permettre cette satisfaction s'il en devait résulter un préjudice pour la famille et si ce surcroît de dépenses accordé à une pure fantaisie portait atteinte à la bourse ou si elle privait du nécessaire.

A côté du luxe blâmable, il existe un luxe aimable, permis, honnête, le véritable luxe, seul digne de ce nom, car il est un signe assuré de civilisation et un stimulant de progrès profitable aux masses populaires, par l'élévation du niveau général.

Si on supprimait le luxe, il faudrait supprimer le goût, les arts, le beau et le perfectionnement. N'est-ce pas lui qui a fait découvrir ces procédés merveilleux de la science, qui nous ont donné le verre, le cristal, la bijouterie, l'émail? Ne lui devons-nous pas la sculpture, la peinture, l'architecture qui ont peuplé la terre de chef-d'œuvres admirables, et qui, tous les jours encore, nous enrichissent de produits nouveaux. Ne lui devons-nous pas, à Paris, les Gobelins, la manufacture de Sèvres, le Palais du Louvre, Notre-Dame, l'Opéra, l'avenue des Champs-Elysées et du Bois-de-Boulogne et toutes ces créations immobilières qui font la grandeur et la beauté de la capitale et qui sont des témoins irrécusables de notre génie.

Il s'en suit, d'une façon irréfutable, que l'une des qualités du luxe est d'être une mine directe pour l'aisance des travailleurs, car elle est féconde de travail et de salaires. Partout où on le rencontre, on trouve un stimulant pour le travail, un progrès dans le niveau intellectuel des classes ouvrières et une source nouvelle de rémunération et de bien-être.

Aussi il n'est pas vrai de dire que les producteurs de luxe soient, comme le prétendent certains rigoristes, les corrupteurs de la morale publique, et ils ne méritent pas les anathèmes des puritains du protestantisme. Le luxe, en tant qu'il ne consomme pas la richesse en pure perte et qu'il ne porte pas atteinte à la morale est utile et charmant et son développement est un bienfait pour la société.

D'ailleurs ne savons-nous pas, par l'expérience de tous les jours, que le luxe ne se confine pas absolument chez les riches? Ne voyons-nous pas, à chaque instant, de simples ouvrières qui n'ont que leur travail pour vivre, vêtues d'étoffes de soie ou de velours et parées de broderies et de bijoux? Ne savons-nous pas qu'il en est dont, non seulement les économies, mais encore une partie du bien-être sont consacrés à l'achat de rubans, de chapeaux ou de toilettes.

Repoussez donc loin de vous les médisances contre le luxe. « **Chacun est fils de ses œuvres** », disait Napoléon Ier en 1807, à la municipalité de Trévise, qui lui vantait ses aïeux. Or, nulle science mieux que la Prévoyance socialiste n'a fait ressortir plus efficacement la vérité de cette maxime. « **Chacun est fils de ses œuvres** », c'est-à-dire, n'a de valeurs qu'autant qu'il produit et que, par sa production, il s'élève moralement et matériellement vers les sphères supérieures. « **Chacun est fils de ses œuvres** », c'est-à-dire n'arrive à la fortune et aux avantages qu'elle procure qu'autant qu'il travaille, et, par son travail, arrive à l'économie et au Capital.

Or, c'est là le point important qu'il faut prêcher à tous sans se lasser, sous peine de voir se perpétuer ces luttes stériles qui détruisent les fruits de la civilisation et nous ramèneraient infailliblement aux plus mauvais jours de la barbarie.

« **Liberté, Travail, Capital, Crédit** », là est la base du bien-être que les Français sont en droit de prétendre de la sollicitude gouvernementale. Toute théorie qui a pour but de détruire ces principes supérieures qui sont le fondement d'une société bien organisée, ne peut aboutir qu'à la décadence de la France et à la disparition de la race gallo-française.

Le jour où le socialisme possédera ces bases fondamentales : « La liberté et la propriété », sur lesquels la Révolution française a échaffaudé la merveilleuse structure de la société moderne, l'esprit de la France sera renouvelé, les intelligences dessillées par la vérité et par la justice, comprendront leurs droits comme leurs devoirs et nous marcherons d'un pas rapide et assuré dans la voie du progrès et du bonheur.

Il est des Etats comme des sociétés, des banques, des établissements d'affaires industrielles et commerciales.

Passer sa vie à se tâter le pouls, à s'interroger sur les conditions du fonctionnement de ses organes, à se regarder et à se laisser vivre, c'est, chez les uns et les autres, un signe ou une cause de faiblesse et de déchéance.

Dans un Etat, comme dans une Société ou une affaire industrielle et commerciale, la vie organique est subordonnée à une direction. **Dans chaque affaire il faut un maître**, c'est-à-dire une bonne morale avec une direction stable.

La prospérité économique, les progrès moraux et matériels, ne reposeront sur aucune base solide, s'il n'y a pas en haut un chef de pouvoir responsable, mais certain lui-même de son avenir.

La règle d'une bonne direction des pouvoirs publics, c'est l'exercice du pouvoir par tous les représentants de la nation et celle-ci doit représenter toutes les nuances d'opinion.

Ainsi, dans un arrondissement où il y a 40.000 électeurs et où on doit nommer 4 députés et que deux listes sont en présence, s'il y a, par exemple, 20.500 électeurs qui votent pour la première liste, j'estime qu'au lieu qu'elle soit élue au détriment des autres 19.500 citoyens, également électeurs, que ces derniers doivent être représentés par deux députés, étant entendu qu'une fluctuation de voix peut se produire au cours de l'exercice du mandat électoral des quatre députés.

En résumé, je préconiserai le scrutin de liste sur des bases intangibles reposant sur la représentation équitable de toutes les opinions, en introduisant dans la loi la base suivante que, lorsque 40.000 électeurs doivent élirent quatre députés, trois de ceux-ci ne seront élus que s'ils obtiennent 25.000 voix et le ou les candidats venant en tête de la liste adverse seront élus conjointement avec les deux ou trois plus favorisés des candidats de la première liste.

Une autre réforme est encore à accomplir, celle fixant la nomination par arrondissement où l'exercice de droit de vote se traduit, dans ces conditions, par de graves inégalités.

Ainsi, nous indiquons ci-dessous les six plus petites circonscriptions et les cinq plus grandes de France (1).

TABLEAU A		TABLEAU B	
Puget-Théniers	6 827	Nantes 3°	37 018
Agen	6 557	Sceaux 2°	32 920
Briançon	6 375	Versailles 1°	32 848
Sisteron	5 973	La Palisse 1°	32 506
Castellane	5 242	Sarlat	32 149
Barcelonnette	3 443		
	34 4 7		167 441

Les 167.441 électeurs du tableau B ont cinq représentants, les 34.147 électeurs du tableau A, formant un groupe d'électeurs cinq fois moins nombreux en ont six.

Les 3.443 électeurs de Barcelonnette pèsent autant dans la balance et influent autant sur la représentation du pays que les 37.018 électeurs de Nantes, ainsi que les 32.848 électeurs de Versailles.

Ce ne sont pas seulement des résultats partiels qui se trouvent viciés par cette disproportion numérique des circonscriptions prises pour base. C'est le total lui-même qui devient suspect.

Les statisticiens ont jeté, à cet égard, quelques troubles dans les esprits les plus lents à s'émouvoir. M. Flandin, en relevant les chiffres de toutes les élections générales depuis 1876, établit que les voix obtenues par les élus n'ont jamais atteint le chiffre des voix non représentées. En 1906, par exemple, les élus ont réuni en tout 5.209.606 suffrages. Or, il restait 6.383.852 citoyens non représentés (soit qu'ils n'aient pas voté, soient qu'ils aient voté pour les candidats battus); il est donc faux de dire que les élus représentent la majorité (1).

Faire la réforme nécessaire, c'est l'œuvre finale de ceux qui sont partisans de la représentation proportionnelle.

D'un autre côté, le Parlement, qui est composé de 591 députés, se compose de 468 députés appartenant aux professions libérales : avocats, médecins, journalistes et pharmaciens. Les autres professions : commerçants, industriels, agriculteurs, employés et ouvriers, sont représentés par 123 députés, c'est illogique. Les industriels, les commerçants, les agriculteurs, les employés, les ouvriers n'ayant qu'un seul but : la gloire et la richesse de la Nation, c'est-à-dire de son industrie, de son commerce et de s'appliquer à améliorer le sort des travailleurs, étant journellement en contact avec eux.

Aussi, lorsque les députés des dites professions libérales sont blackboulés par les électeurs, ils finissent dans **les grasses sinécures du fonctionnarisme.** Il faut donc remédier à cette tendance de nommer toujours députés ceux qui occupent les carrières libérales.

En examinant froidement, sans haine et sans parti pris, la Société actuelle, nous y voyons deux camps bien distincts : à l'un le pouvoir, les richesses, les jouissances; à l'autre, toutes les charges de la Société et toutes les amertumes.

D'un côté, ceux qui détiennent le pouvoir, sans cœur et sans pitié, sont absolument indifférents aux misères qu'ils coudoient. Ces politiques disposent de tout le monde gouvernemental : ministres, magistrats, fonctionnaires, journalistes et ils ont montré qu'ils étaient capables de toutes les lâchetés pour arriver à leurs fins.

Quelle est la cause de cet état de la Société?

(1) Extrait de la Grande Revue, 27 Octobre 1907 — M. F. Buisson.

Tout simplement ,l'absence d'éducation du peuple français.

Le but que nous poursuivons est donc de faire l'éducation du peuple français et nous lui indiquons ainsi qu'aux pouvoirs publics, les moyens très simples, de faire aboutir les réformes.

Examinons donc quelles améliorations il est possible d'apporter pour cette situation et rendre la liberté à ceux qui sont de l'autre côté.

D'aucuns disent qu'il faudrait rétablir les corporations. Non, nous avons vu que ce serait attenter à la liberté de chacun.

La Fédération générale du travail a, à sa tête, des avocats, des publicistes, des meneurs de grèves, ou des Lévy, des Griffulhes, des Merheims : des Juifs, dont la race ne fournit qu'une quantité infime de travailleurs manuels.

Le peuple des salariés n'a pas de pires exploiteurs que ces exploiteurs de crédulité, c'est à eux que l'on doit toutes ces grèves où tant de travailleurs de l'industrie, patrons et ouvriers, dans des bagarres sanglantes, ont trouvé la perte de leur travail et d'autres la mort... Des femmes et des enfants ont été voués à la misère et dans des villes comme Limoges, Fougères, Cluses, l'industrie a été anéantie (1).

Nous avons encore à lutter contre l'alcoolisme, l'ignorance, la superstition,

---

(1) Les *Cahiers de la Guerre*, publication d'études militaires publiées chez Delandre, très documentées et d'un excellent esprit, viennent nous dire, dans une étude documentaire et palpitante d'intérêt : « Comment était organisé l'espionnage allemand », au point de vue commercial, militaire et même social. Nous aurions aimé y voir traiter cette question au point de vue politique et religieux, montrant le rôle de l'espionnage allemand dans nos luttes religieuses et politiques.

De cette étude, nous voulons seulement relever ce qui concerne le rôle de l'espionnage allemand dans la lutte sociale, en particulier pour les grèves, surtout en ce qui concerne les grèves d'Amiens.

L'Allemagne, résolue à triompher par tous les moyens possibles dans la lutte à mort qu'elle nous livrait, ne se bornait pas seulement à des préparatifs matériels. Elle avait cherché en même temps à intoxiquer notre moral, et à profiter de tous les phénomènes de notre vie sociale pour poursuivre son œuvre d'affaiblissement et de destruction.

Au mois d'août 1891, sur la proposition de M. Schultz, chef de l'office des chemins de fer de l'empire, le chanceller de Caprivi demanda et obtint du Reichstag 80.000 thalers « destinés aux publications étrangères utiles à la politique de l'empire.

Dès lors, la police secrète allemande se divise en deux tranches : l'espionnage proprement dit et l'action politique. Ce n'était, du reste, que la continuation de la politique que Bismarck indiquait au comte d'Arnûn, ambassadeur à Paris, et sa mise en pratique d'une façon concrète.

L'objet de cette dernière devait être d'entrer en rapports avec les agitateurs français les plus actifs et les plus populaires et de les amener, pour le plus grand profit de l'Allemagne — *à leur insu*, bien entendu — à propager et à défendre les principes de l'internationalisme, de l'antimilitarisme et de la grève générale.

Ainsi, par la perturbation des grands services publics, on pouvait espérer saboter la mobilisation au jour utile, et en attendant on travaillait à la ruine de nos industries.

On peut faire sur ce sujet des constatations frappantes. C'est ainsi que la Chambre de commerce de Hambourg, ayant désiré, en octobre 1892, créer une fabrique de chaussures en coopérative patronale de production, et le Reichstag ayant ajourné le vote d'une subvention « en raison du manque de débouchés, actuellement accaparés par les grandes fabriques françaises d'Amiens, Fougères, Romans et Nancy », on voit en avril 1893 une grève inexpliquée éclater à Amiens, et le Comité reçoit directement de Francfort 25.000 francs pour les secours de grèves.

Inutile de souligner l'intérêt que pouvaient avoir les patrons d'outre-Rhin à secourir les camarades français !

Il en était de même des grèves de l'industrie textile, devenues tristement célèbres sous le nom d'émeutes du Nord, et de celle de la grosse et de la petite métallurgie.

Or, il n'est que trop certain que ces grèves répétées finissaient par mettre nos industries en état d'infériorité vis-à-vis des industries similaires d'Allemagne, diminuaient les moyens de production, augmentaient les prix de revient, et, pendant que nos usines étaient paralysées, nos rivaux nous volaient notre clientèle.

vette ingérence directe de la police secrète allemande dans l'organisation et la subvention des grèes étrangères a, d'ailleurs, été constatée officiellement par l'honorable M. Jules Develle, alors ministre des Affaires étrangères, lui-même : « Il y a, dit-il, dans ces organisations internationales, des choses curieuses, des concordances qui donnent à réfléchir. Notamment, *toutes les chancelleries* savent que c'est *avec l'argent allemand* qu'ont été soudoyées des *grèves* ». (2 août 1893, Cour d'assises de la Seine.)

De son côté, dans son remarquable ouvrage sur « les grandes grèves », M. Paul Lanoir constate que « la mise en grève des industries françaises à ces quinze dernières années, a été élevée par la direction de la police secrète allemande à la hauteur d'un véritable principe de gouvernement. »

Sur ses vieux jours, à un député du centre catholique qui « grognait dans son gilet » contre ce budget qui montait sans cesse et sans mesure, Stieber, le directeur de l'espionnage, répondit : « Mais de quoi vous plaignez-vous ? Nous ne le dépensons pas cet argent ! — Comment cela ? — Eh non ! Nous le plaçons ! »

C'est, en effet, un placement de tout repos que celui rapportant à l'Allemagne la ruine des industries françaises et la perturbation dans l'organisation de ses services de défense nationale.

Ainsi notre industrie périclitait faute de débouchés. les patrons fermaient leurs maisons et, privé de son gagne-pain, l'ouvrier français était en dernier ressort l'éternelle victime de « ses camarades » de l'internationale.

A. M.

l'injustice réglementée par les politiques qui usent d'une rhétorique pompeuse, de formules sonores qui induisent en erreur les ouvriers et les réduisent à la misère en leur donnant l'illusion de s'occuper d'eux.

Une autre cause d'infériorité dans l'expansion, à l'étranger, du commerce et de l'industrie française, est due à l'abaissement du sens moral qui s'étend de plus en plus parmi nos parlementaires, par suite de l'absence de toutes connaissances utiles, ce qui fait que la mauvaise foi dont ils sont imprégnés ne suscite plus la moindre réprobation parmi le peuple électeur, croyant obtenir d'eux le plus possible avec la moindre somme d'efforts.

Des populations gouvernées par un roi, tantôt d'un caractère élevé et bon, tantôt par un roi orgueilleux, faible et sans savoir, se sont imaginées que plus le pouvoir serait divisé, moins il serait despotique et plus il serait en même temps intelligent et moral. Il y avait du vrai dans cette conception, car, si le régime ne reflète pas toujours exactement les idées du pays, il sert du moins à révéler les abus et les erreurs. Mais si, comme Machiavel l'a si bien démontré le premier, toute forme de gouvernement porte en elle les formes de sa ruine, ce résultat devait surtout se produire pour cette forme là, qui n'est pas des mieux adaptées à nos mœurs, car elle se base sur la foule inconsciente et la plupart du temps imbus d'un désir contraire à celui de la majorité.

C'est une observation connue et depuis longtemps passée en proverbe, que : « Plus il y a de délibérants, moins juste et moins sage est le résultat de la délibération. » Car tout le fond commun de préjugés et d'erreurs que l'individu parvient à réprimer en lui la force d'éducation (pullule et se déchaîne « dans l'effervescence des assemblées ». C'est à cela que fait allusion le dicton : « Sénatoris boni viri, sénatus mala bestia. » **(Les sénateurs sont individuellement de braves gens, le Sénat en bloc est une méchante bête.)** Ainsi la valeur du Conseil est en raison inverse du nombre des conseillers.

Aussi que se produit-il lorsqu'il s'agit d'engager les finances de l'Etat, dans les questions politiques, administratives ou communales?

« L'argent de l'Etat ou de la commune n'est l'argent de personne. »

Aussi dans une Assemblée parlementaire très nombreuse, se laisse bien plus facilement entraîner au vote d'une dépense et à celui d'un nouvel impôt, le député ou le conseiller municipal qui n'a qu'un 600e ou qu'un 25e de responsabilité, c'est pourquoi qu'il s'engage d'un cœur léger.

Et cela se produit plus facilement dans notre race gallo-française, à l'inverse de ce qui se passe chez les Anglo-Saxons où les assemblées ne représentent point toutes les classes sociales, mais un groupe de professionnels et d'employés, tandis que les agriculteurs, les industriels et les ouvriers, qui constituent l'immense majorité de notre population, n'y sont presque pas représentés et cela parce qu'elle ne sait pas faire son choix par défaut d'éducation morale et politique.

C'est là la principale cause de l'affaiblissement du sentiment de la justice chez nos gouvernants et de l'explosion des lamentables scandales de toutes sortes dont nous avons été témoins.

Certes, la justice existe toujours dans la lettre de la loi; elle existe également, sans aucun doute, dans les intentions du gouvernement, mais combien d'erreurs, combien certains magistrats outrepassent les intentions et l'esprit des circulaires du ministre, croyant se faire bien voir et travailler à leur avancement. On a certainement beaucoup à redire sur la manière dont sont rendus, depuis une vingtaine d'années, les jugements de justice de paix et les jugements de certains tribunaux et principalement par ceux du midi de la France.

Le Ministre est la proie de la bureaucratie, mais il croit à sa signature qui n'est qu'un signe d'acquiescement aux volontés administratives qui le tiennent dans le fin réseau de leurs mailles. Celui qui se laisse prendre à cette vanité s'effondrerait aux premiers pas, s'il s'aventurait à vérifier quelque chose de l'exécution dont il laisse la conduite à ceux dont il est l'instrument superbe et pernicieux. Le résultat, il ne le connaît pas et bientôt il en arrive à redouter de le connaître, dans la crainte d'être ainsi trop cruellement conduit à se connaître lui-même.

Le citoyen français, victime des erreurs ou de la vindicque bureaucratique dans sa mansuétude, prévoyant l'irresponsabilité du Ministre, évite, la plupart du temps, de le rendre responsable et le laisse dans l'ignorance soit, tant des bévues qu'on lui a fait commettre, soit des violations des lois qu'on lui fait contresigner.

L'autorité démocratique est très forte et, par cela même, très despotique, elle l'est même avec d'autant moins de scrupules qu'elle puise dans son impersonnabilité, dans l'intérêt général et dans la passion collective au nom desquels elle prononce une sorte de légitimité, tout au moins d'irresponsabilité pour ses actes les plus excessifs et arbitraires.

Je ne crois pas qu'il faille à la France un empereur, pas plus qu'un roi, car je ne crois pas à la possibilité d'une restauration monarchique, nous nous sommes tous rendus compte qu'a un bon roi, qui a gouverné très bien un pays, le fils ou, à son défaut, l'héritier, peut être un crétin ou un tyran.

Ce que nous désirons, c'est un **Chef d'Etat** responsable et des **Ministres** de même, qui devront payer de leurs biens et de leur personne les gaffes qu'ils commettent, ils ont, tous été ceux que nous avons eu, trop indolents et trop insouciants ». Ils faut qu'ils commandent et qu'ils sachent commander car si tout le monde commande il n'y a plus personne pour obéir.

La République peut se réformer elle-même? Comment? Par la dissolution du Parlement qui s'impose à la suite de la guerre et par la réunion d'une Assemblée Nationale qui sera chargée d'approuver les conditions du traité de paix, de réviser la Constitution et de l'adopter aux besoins nouveaux de la Patrie.

En dehors de la réforme concernant la représentation nationale et du corps législatif, nous voudrions voir le chef de l'Etat élu pour une durée de quinze années au minimum.

Que le **Chef de l'Etat** exerce tous les pouvoirs qui lui sont conférés par la **Constitution de 1875**, et auxquels tous les **Présidents** se sont soustraits au point de jouer le rôle des rois fainéants, laissant la responsabilité du pouvoir aux mains des premiers ministres ou présidents du Conseil qu'ils ont choisi.

Il en est advenu que si nous voulons chercher les responsabilités des actes commis irrégulièrement par les ministres, actes contresignés du Président, on ne trouve ni les uns, ni les autres responsables, les ministres étant couverts par les fonctionnaires, ceux-ci par les Ministres, ceux-là que par le Président de la République.

Les citoyens ont recours dans ces divers cas au **Conseil d'Etat.**

Mais comment est composé le **Conseil d'Etat**, il est composé de personnages faisant partie de la clientèle politique des gouvernants et laquelle est toujours disposée de conclure dans le sens indiqué par le représntant du gouvernement.

Entre autres réformes :

J'indiquerai en premier lieu, que la nomination du Conseil d'Etat et des conseillers à la Cour des Comptes soit faite par le Sénat. Puis, que celles des conseillers à la Cour de Cassation soit faite par les magistrats des Cours d'Appel (1).

J'accepterai également volontiers certaines réformes proposées par **Georges Tragin** (2).

Suppression des sous-préfectures.

---

(1) Nous avons par devers nous un jugement du Conseild'État dont les attendus ne supportent pas la lumière de la discussion.

(2) Les idées à propager, éditions de Gustave Ficker

Ces fonctions ne sont en somme que des sinécures, avec un bon traitement et un marchepied électoral, sans le but pratique qu'elles pouvaient avoir lors de leur création, lorsque les chemins de fur n'existaient pas pour rendre les communications faciles des cantons, des arrondissements avec leurs Préfectures.

Elles coûtent énormément d'argent à la France et on doit les supprimer sans délais.

Il en est de même des trésoreries générales.

A qui ces fonctions sont-elles distribuées? (1) A des amis de la politique gouvernementale; qu'elle est le but de la fonction? Encaisser les fonds des perceptions. Par qui ces dernières sont-elles contrôlées; par des inspecteurs des finances... Alors?

Les succursales de la Banque de France qui servent déjà d'intermédiaires entre les percepteurs et les trésoriers, verseront directement au ministère des Finances les fonds qui leur sont déposés.

En définitive rien ne sera changé au mode de la rentrée des fonds provenant des contributions, si ce n'est dans la suppression des sinécures privilégiées, mais ainsi des économies importantes seront faites au budget de l'Etat.

En résumé, les réformes vitales, n'ont rien qui ne peuvent se concilier avec le régime républicain et le but atteint serait d'un grand poids pour les finances de la France et pour son régime économique.

Il serait aussi très facile à nos gouvernants d'empêcher les accaparements et les spéculations qui sont causes de tant de ruines, en appliquant simplement nos lois et en abolissant les marchés à termes.

Nous verrons alors refleurir « la **Puissance**, la **Liberté**, la **Moralité**, le **Travail**, l'**Honneur**, qui ont été le caractéristique de l'âme française pendant les siècles passés. Pour le moment occupons-nous à faire jaillir dans son intégralité le feu sacré de la Patrie. Mais pour que la France soit régénérée, la victoire ne suffira pas, aussi demandons-nous des âmes refaites et des familles rétablies, une **Justice**, une **délicatesse**, un bel **idéal de vie** et tout cela vient de la religion.

Il importe donc premièrement de ramener à la Foi, laquelle relève le moral de ceux dont les forces sont affaiblies par la lutte et leur donne la **volonté** et l'**énergie** indispensable pour vaincre dans la vie.

Alors les **doctrines matérialistes** et l'**esprit sectaire disparaîtront**, et je suis persuadé que les citoyens catholiques français, n'auront pas à lutter comme précédemment avec les sectaires qui par parti pris combattaient tout ce qui dérivait du bien de la religion.

Quand on mutile les vérités, leurs tronçons épars se corrompent et portent le mal, la peste dans le corps politique.

La défaite momentanée des principes sociaux inspirés par le catholicisme n'a rien qui puisse ébranler la foi en vérité intrinsèque et pour juger des principes contraires, au milieu de désastreux triomphes, il n'y a qu'à comparer leurs promesses à leurs résultats. Or, les mots de liberté, de progrès, de bien-être, de puissance indéfinie de l'homme, retentissent tous les jours à nos oreilles. Les gouvernants se délivrent à eux-mêmes des brevets d'incomparable supériorité sur leurs devanciers, et l'indolence, le laisser faire du peuple ratifie ces singulières attestations. Cependant l'œil peut voir sans grands efforts d'attention que tout ce qui se fait dans la nation repose, à l'heure qu'il est sur la glorification de la force et sur le dédain des petits.

Quelque soit les relâchements ou les rigueurs de l'action gouvernementale comme l'Etat reposent tout entier sur une armée colossale et sur des bureaux qui ne le sont pas moins, ce n'est pas une latitude plus ou moins grande laissée à la parole publique qui changera en agents de la liberté, les éléments du despotisme centralisateur.

(1) L'affaire Duclaux, prévaricateur et voleur aux armées vient éclairer notre dire.

La Société actuelle offre tous les caractères d'une société qui croule et d'une civilisation qui se défait. Les mœurs politiques se sont gâtées au point que les hommes politiques se font une mission du désir qu'ils ont de vivre de leurs paroles ou de leur plume.

Les nations sont guérissables, mais il est rare qu'elles veuillent et qu'elles sachent guérir. Ce n'est qu'un motif de plus pour nous attacher dans le passé, aux principes éternels de la civilisation de nos pères.

Le **Christianisme** a enrichi l'intelligence humaine de la connaissance des dogmes divins qui ne changeront pas. Depuis que l'Eglise a édicté le code de ses droits au milieu du monde, il y a une somme de vérités inébranlables sans lesquelles, ni les individus, ni les Sociétés, ne connaîtront désormais ni prospérité, ni vraie grandeur. Ce sont ces vérités que nous venons de rappeler en les suivant dans leur action à travers l'histoire parce que, malgré les sophismes qu'on leur oppose leur à-propos est immortel.

Dernièrement, nous avons vu M. Hervé, le Directeur de la **Guerre Sociale** s'exprimer du reste ainsi : « Les Catholiques sont vraiment très bien. Quand la guerre sera finie, nous aurons une France nouvelle. Certes, nous ne laisserons pas toucher à une seule des lois organiques de la République mais tout de même il faudra voir, pour leur témoigner notre reconnaissance de ce qu'ils ont fait pour la France, si tout en sauvegardant les intérêts du personnel laïque, nous ne pourrions pas faire quelque chose pour leurs bonnes sœurs, pour qui j'ai toujours eu un faible. » Ceci est très bien, mais la **Race Gallo-Française** estime qu'il ne peut être toléré de polémique, de discussions sur ce que les sectaires nomment le cléricalisme ou la libre pensée. Tout ce jargon politique dont ils chargent leur philosophie. Il ne s'agit de rien d'autre que de les confronter avec la réalité des faits, de leur faire entendre les réalités des choses, de leur montrer ce qu'ils ne veulent pas voir, de les prier de respecter les droits de ceux qu'ils voudraient encore persécuter.

La refloraison perpétuelle de l'âme humaine qui semblait épuisée, va s'épanouir de nouveau dans une civilisation nouvelle et pour la première fois depuis l'aurore de la Révolution, les multitudes lèvent les yeux au ciel et le voient sourire. Il s'agit de veiller à ce que de nouveau aucun bandeau ne leur cache la lumière.

La France et Paris particulièrement sont depuis longtemps la joie des étrangers. Cela tient à ce que la France possède vraiment un grand nombre de qualités charmantes qu'il est rare de trouver réunies chez un seul peuple. Richesses, courtoisie alliée à la grâce, liberté politique et sociale et depuis la Révolution de 1789, malgré tous les désordres et les catastrophes dont elle a été abreuvée, elle a donné une réelle impulsion au progrès des idées dans une grande partie de l'Europe.

Mais en étudiant à fond actuellement la vie sociale en France, on constate avec douleur que la sympathie universelle dont elle jouissait autrefois avait disparu tout d'un coup; il en est généralement ainsi dans la vie, lorsque l'on est trop accueillant et aimable, on vous prend pour des imbéciles, de sorte que tout étranger devenait un ennemi pour la race.

Je ne dirai pas grand chose des raisons à propos desquelles l'étranger médit contre notre pays, l'impudeur et le relâchement des mœurs, car elles ne sont pas imputables à la famille française. Nous savons tous que les établissements de plaisir qui font la joie des étrangers ne sont pas fréquentés par nous. Ces établissements ainsi que tout le monde a pu s'en rendre compte, sont généralement envahis par de vieux juifs et des rastaquouères, c'est-à-dire par les étrangers mêmes qui ensuite retournés dans leur pays nous font griefs de leurs existences.

Il y avait et il y a encore à Paris une nuée de banquiers, boursiers, courtiers et remisiers qui s'attaquent à la Bourse des valeurs et de Commerce de Paris et y introduisent des traditions d'affaires de haut vol.

Plus de cent maisons opérant sur la place de Paris étaient allemandes ou juives, soit du fait de leur gérant, soit du fait de leurs commanditaires ou même de leurs sous-participants.

On peut affirmer que toutes les paniques qui se sont produites sur le marché depuis trente ans, ont été préparées et suscitées tant par les juifs que par les allemands.

Dès la paix signée nous aurons à faire face au même péril. Quelles mesures les pouvoirs publics prendront-ils alors? Nous leur susciterons de supprimer purement **et simplement le marché à termes.** C'est le seul moyen radical de faire face aux accapareurs, d'éviter les catastrophes ruineuses dont le peuple français a toujours été la victime et donner par suite confiance à l'épargne, afin que celle-ci aille aux placements des petites affaires industrielles et commerciales.

Le plus grand fléau dont les Gallo-Français ont à se mettre en garde, c'est celui qui dérive du fait de la race juive.

Déjà il y a plus de quinze années, en 1898 dans le journal « **Le Prophète** », nous lui adressions l'avertissement ci-dessous :

« **Aux Israélites, suprêmes Conseils.** »

« Depuis un siècle, vous ne voulez vous souvenir que nos pères vous ont émancipé et donné la liberté, en vertu de leur grand amour fraternel qu'ils avaient mis au-dessus de toute religion, et qu'ils avaient adopté comme guide de toutes leurs actions.

« Vous n'avez pas voulu répondre à leur idéal et vous vous êtes constamment cantonné entre vous, de sorte que vous formez toujours une caste, un peuple différent de nous, qui avons fait de vous, de parias que vous étiez, des hommes.

« Vous continuez d'être juifs et d'avoir les mêmes défauts qui ont mis nos ancêtres dans la nécessité de vous rejeter du sein de leur société et qui les ont conduit à vous persécuter.

« Il ne faut plus essayer de rétablir le judaïsme sur des ruines, il ne faut plus que vous restiez exclusivement attaché aux lois de votre barbare Talmud; il faut que vous aimiez et pratiquiez nos belles idées modernes.

« Soyez déistes si vous le voulez, la loi morale vous l'impose; mais cessez d'être juifs, votre race restant propre au judaïsme, est irrévocablement vouée à sa disparation, et cela en raison même des lois irrévocables de **la lutte pour la vie.**

« En vous croyant invulnérables par l'argent que vous possédez, vous vous trompez.

« En France, vous ne formez qu'une petite minorité, et lorsque nous voudrons vous chasser du sol de la patrie, nous n'aurons qu'à **nous entendre pour vous ruiner** et rien ne nous sera plus facile.

« Israélites, chez nous vous avez trouvé liberté et bien-être, soyez-nous en reconnaissants et ne cherchez plus à établir la prépondérance de votre race sur la nôtre.

« Respectez et reconnaissez la loi morale qui unit entre eux tous les êtres intelligents et ne restez plus **Un** parmi nous.

« En France nous vous avons tout donné, les arts et les sciences, tout ce qui constitue une civilisation, et vous êtes arrivés à un degré d'évolution supérieure.

« Vous occupez comme nous dans l'armée, la magistrature, les lettres et dans toutes les carrières libérales, une place enviable. Les statistiques scolaires indiquent que vos enfants obtiennent facilement les palmarès dans les lycées et collèges. Vous n'avez donc plus d'excuses pour vous grouper contre nous. En continuant cet errement, **vous nous obligerez à nous coaliser pour vous chasser du sol de la Patrie.**

« Dans le cours des siècles précédents, vous n'avez eu une situation analogue qu'en Espagne, où votre **vanité** et votre **mercantilisme** furent la cause de la décadence dans laquelle vous avez été réduits et des persécutions qui vous ont été infligées.

« Aujourd'hui si vous voulez vivre et éviter à vos descendants l'horreur d'être mis au ban de toute société et chassés de tout pays, il faut que vous cessiez d'être uniquement les enfants d'Israël et il faut que votre race fusionne avec celle des autres peuples qui vous donnent l'hospitalité.

« Il faut surtout que vous cessiez d'être vaniteux et présomptueux ? Examinez-vous, et vous verrez à quel degré ces grands défauts sont implantés en vous.

« Chez nous, il ne faut plus que vous nous fassiez la cruelle injure de converser en public dans cette langue maudite (1), qu'aucun Français ne peut entendre sans que toutes les fibres de son cœur tressaille et qui lui vienne une rancœur de dégoût.

« Israélites, interrogez vos femmes dont l'intelligence moderne a fait d'elles les ennemies irréconciliables des lois les concernant qui sont écrites dans votre Talmud, et vous verrez qu'elles seront les premières à vous guider dans la bonne voie.

Réfléchissez-y Israélites, il n'est que temps pour vous de mettre en pratique nos conseils, si vous voulez éviter que vos enfants ne retournent **au rang des parias** ».

Depuis l'apparition de ces suprêmes conseils, le mal qu'ils ont créé n'a fait que s'aggraver.

Les juifs ne sont qu'une petite minorité parmi nous et nous savons tous qu'ils ont tout envahi, tout pris.

Après avoir obtenu toutes les libertés dont nous jouissions nous-mêmes, un nouvel ordre naissait, la multitude des sémites, désireuse d'agir plus que de comprendre les devoirs des citoyens envers l'humanité affamée de bonheur plus que de vérité et de justice, voulait vivre, voulait s'emparer de la vie, fût-ce au prix des turpitudes diverses et de mensonges infinis. Mensonges de l'orgueil, de tous les orgueils, orgueil de race, orgueil de caste, orgueil de religion, orgueil de bluffisme, tout leur a été bon pourvu que cela leur forme une armature de fer et de duplicité qui les conduisit au but rêvé ou désiré.

La race juive en définitive ne veut pas se fondre avec aucune des races du globe, elle évite toutes les relations en dehors de celles motivées par les raisons commerciales. Faisons donc de même, évitons avec elle toutes relations financières, commerciales ou autres, ce sera la seule façon de nous éviter de les avoir « comme dominateurs ». Car enfin les juifs nous dominent, ils se sont infiltrés partout, occupent 1.000 places lorsqu'ils ne devraient de par le nombre de leur population n'en occuper qu'une.

Dans la sphère gouvernementale les juifs tiennent les parlementaires par leurs capitaux et par les fonctions qu'ils occupent dans la bureaucratie des Ministères et diverses Administrations gouvernementales.

Prêt à faire tous les métiers, marchand ambulant, bijoutier, prêteur à la petite semaine, journaliste avec la plume des autres et homme politique pour s'approprier l'assiette au beurre, voilà le juif.

La religion, le rituel n'est pas le point de vue de l'évolution de la race juive, elle n'est que le prétexte du droit à l'existence du peuple juif, imbu d'un particularisme dont l'effet prédominant procède de l'orgueil, de l'égoïsme, de la fourberie et de la lâcheté, ainsi que nous le savons tous.

Tandis que la forme extérieure des autres peuples change à chaque époque de l'histoire et doit ses transformations à une répercussion des idées, le sentiment intime du juif est de rester juif sans alliage, sans alliance avec les peuples avec lesquels ils vivent et qui en définitive les font vivre.

Ils se rendent insupportables par la tenue qu'ils ont vis-à-vis du peuple français, leur hôte le plus complaisant.

---

(1) Les juifs émigrés en France proviennent en grande majorité d'Allemagne.

parlant toujours dans les endroits publics les différents dialectes sur un ton que nous n'osons pas prendre.

C'est ainsi que nous voyons tant de juifs venant d'Allemagne et d'Orient.

Si souvent le juif arrivé au faîte des grandeurs, a des qualités qui lui sont propres, il a des défauts qui sont nuisibles à la race gallo-Française.

Nous ne demandons pas l'extermination, ni le massacre des juifs, ni le pillage de leurs banques et de leurs maisons de commerce ou de leurs propriétés.

La loi étant égale pour tous, nous autres Français nous voulons bien que les juifs vivent parmi nous, comme d'honnêtes citoyens, mais nous demandons aux vrais **Français** issus de la race **Gallo-Française**, de suivre l'exemple que les juifs nous donnent eux-mêmes et de faire comme eux, de donner nos préférences, toutes nos sympathies, toutes nos transactions commerciales et autres, à ceux de notre race, imbus de nos conceptions et des mêmes pensées.

Nous savons tous que les juifs tiennent les finances, le haut, le petit et le bas commerce. Ceux qui en douteraient n'auraient qu'à parcourir les annuaires de Paris et toutes les boutiques pour s'en rendre compte et encore dans ces annuaires, dans ces boutiques, beaucoup de maisons sont dissimulées sous une rubrique fictive.

Nous ne voulons plus, nous **Français** et **Chrétiens**, être réduits en l'**état** de subordonnés. Nous ne voulons plus voir occuper par une race qui nous est ennemie, qui ne veut pas suivre les belles maximes du Christ « d'amour et de charité », nous ne voulons plus que cette race occupe toutes les hautes situations, tienne toute la finance, le haut et le petit commerce. Nous voulons conserver notre place au soleil de la France, et en jouir sans entraves, il n'est donc que temps de nous en préoccuper (1).

Si la peine du talion que nous imposerons aux juifs n'est pas à la convenance de leur race, qu'ils émigrent pacifiquement, sans heurts et sans massacres vers d'autres « Terre promise » ou qu'ils retournent en Judée, leur véritable patrie.

Les juifs doivent comprendre que la puissance de l'or si immense paraît-elle est factice et momentanée et n'autorise pas ceux qui la possède à se croire la race privilégiée.

Le moment est tragique, qu'ils en profitent pour adhérer aux maximes du Christ dont la race gallo-Française est pénétrée, leur Dieu est notre Dieu, il n'y a qu'un Dieu, rien ne les obligent à faire bande à part. Ils ont eu le temps de reconnaître que les paraboles du Christ sont d'essence divine. Notre sang ne peut que vivifier le leur, qu'ils le comprennent et qu'ils se fondent avec nous, là est leur salut, car un peuple comme les Gallo-Français n'acceptera jamais de courber la tête sous la domination effective de la race juive.

S'ils ne veulent pas s'affranchir de la tare originelle, ils seront toujours « Le Juif Errant » dont toute la caravane en marche par les chemins est triste et lasse parce qu'elle méconnaît la Charité, la Pitié, la Justice dans ses rapports avec les humains des autres races que la sienne et qu'elle refuse ainsi à ne pas pratiquer les enseignements de Dieu « Aimez-vous les uns les autres ».

Et tant que la race continuera à se croire dispensée de suivre les maximes du Messie, elle entendra toujours derrière elle une voix qui lui criera sans cesse et sans trêve : « Marche, Marche ».

Chez le juif, l'humilité passe pour la « bassesse » et l'orgueil pour « grandeur ».

Chez les Chrétiens au contraire, l'orgueil est le premier des vices et l'humilité une des premières vertus; là est la pierre d'achoppement des deux races.

Aux juifs à s'en pénétrer (2).

---

(1) Il ne suffira pas aux Français catholiques d'être de notre avis, il faut qu'ils comprennent que le devoir de tous est de se grouper et d'adhérer à la *Ligue Gallo-Française* pour obtenir la prépondérance qui doit nous appartenir.

(2) La *Ligue Gallo-Française* facilitera par ses enseignements et ses conseils, l'entrée des juifs dans la grande famille française. Ceux qui le désire peuvent s'adresser au Siège de la Ligue.

Français,

Vous avez pu vous rendre compte que le but que nous poursuivons est la renaissance morale de notre race Gallo-Française, que nous demandons à tous de se ressaisir, car beaucoup d'entre nous étaient matérialistes et, par conséquent fatalistes et indolents, nous vous demandons d'avoir le courage de réagir, de vous reprendre pour sauvegarder les intérêts de notre race. Sachez tous que les populations des différentes régions de la France reflètent **" la Combinaison "** *qui constitue* **" l'Ame Française ".** *C'est cette âme dont nous sommes tous solidaires Gallo-Français de race qu'il s'agit de protéger en lui conservant son prestige, la place qu'elle a prise à la tête de la civilisation humaine ainsi que* **sa prépondérance** *dans les affaires financières, industrielles et commerciales.*

Pour ce, il ne suffit pas d'être d'accord avec nous en reconnaissant la vérité de nos conclusions ; il faut que tous les Français de race adhèrent à la ***" Grande Ligue Gallo-Française "*** *et lui apportent leurs concours de façon à ce que cette* **Puissance** *qu'elle sera, lui facilite le mandat qu'elle s'est imposée, c'est-à-dire de veiller toujours, en tout temps et en toutes occasions sur les intérêts de la population indigène de la France.*

Français,

Comme je suis persuadé qu'aucun de vous ne veut consciemment rester ou devenir le subordonné d'un peuple d'une race étrangère, nous comptons que tous vous adhérerez à la ***" Grande Ligue Gallo-Française ".***

LES FONDATEURS.

STATUTS

TITRE I

Constitution et Objet de la Société

ARTICLE PREMIER

Il est fondé à Paris, entre les soussignés et les Français qui adhéreront aux présents statuts, une Association qui prend la dénomination de :

« LA GRANDE LIGUE GALLO-FRANÇAISE »

ARTICLE DEUX

L'Association a pour objet d'obtenir et de conserver aux Gallo-Français, par des démarches, des conférences, des publications, la *Prépondérance* tant dans le but chrétien et moral de la race qu'en matières *financières, industrielles et commerciales.*

ARTICLE TROIS

Le siège de l'Association est établi à Paris, *Rue Le Peletier n° 35.*

Le siège social pourra être transféré dans Paris, en tout autre lieu, sur simple décision du Conseil-Directeur.

ARTICLE QUATRE

Afin de faciliter et rendre son action plus efficace et plus utile, l'Association pourra comprendre autant de groupes qu'il y a de départements en France.

Tout groupe départemental pourra se subdiviser en groupe d'arrondissements, cantonal et même communal.

TITRE II

Composition de l'Association

ARTICLE CINQ

L'Association se compose :

1° Des membres du Conseil-Directeur ;
2° Des Comités de Patronages ;
3° Des membres adhérents.

Les cotisations annuelles sont fixées :

a) Pour les membres du Conseil-Directeur, 100 frs ;
b) Pour les membres des Comités de Patronages, 25 frs ;
c) Pour les membres adhérents, 3 frs.

Tous reçoivent les brochures et bulletins publiés par la "*Ligue*" et sont membres à l'assemblée générale.

ARTICLE SIX

Pour faire partie de l'Association, il faut être Français et Chrétien.

Tout adhérent qui ne remplirait ces conditions et qui se serait introduit par erreur dans la "*Ligue*" sera radié et s'il a versé des cotisations, celles-ci seront acquises à la Société à titre d'indemnité.

Le Conseil-Directeur se prononcera sans appel.

TITRE III

Administration

ARTICLE SEPT

L'Association est administrée par un Conseil-Directeur.

ARTICLE HUIT

Le Conseil-Directeur est composé de :
Un Président ;
Plusieurs Vice-Présidents pour représenter Paris et les départements ;
Un Secrétaire-Général-Trésorier ;
Un ou plusieurs Secrétaires ;
De vingt à cent Conseillers, dont un tiers parmi les associés résidant à Paris et les deux autres tiers, parmi les associés résidant dans les départements.

L'assemblée qui approuvera les statuts nommera, en même temps et définitivement, les membres du Conseil-Directeur appelés à remplacer le bureau provisoire. Le Conseil se complètera au fur et à mesure qu'adhèreront les groupements départementaux susvisés et lorsqu'il y aura des sièges vacants.

Le nombre des Vice-Présidents, des Secrétaires et des Conseillers est déterminé souverainement par le Conseil-Directeur.

Les fonctions des membres du Conseil sont gratuites.

Le Conseil a les pouvoirs les plus étendus dans les limites de l'objet social.

ARTICLE NEUF

Le Secrétaire-Général est chargé de l'exécution de toutes les décisions du Conseil-Directeur.

ARTICLE DIX

Les groupes de l'Association sont administrés d'après les statuts et le règlement intérieur qu'arrêtera le Conseil-Directeur.

ARTICLE ONZE

Chaque année, le Conseil-Directeur convoque une Assemblée générale des délégués de tous les groupes constitués et fixe l'ordre du jour. Ils ont autant de voix qu'ils représentent de membres.

Tous les membres du Conseil-Directeur font partie de droit de l'Assemblée générale.

ARTICLE DOUZE

L'Assemblée générale est valablement constituée quel que soit le nombre des membres présents.

ARTICLE TREIZE

L'Association ne peut être dissoute qu'à l'unanimité de ses membres.

ARTICLE QUATORZE

En cas de dissolution, le Conseil-Directeur a seul qualité pour procéder à la liquidation de l'Association et à l'attribution de l'actif social.

Les membres du Conseil-Directeur ne pourront, sous aucun prétexte, prétendre à une part quelconque de cet actif, qui sera attribué à une Association analogue.

ARTICLE QUINZE

Le dépôt des présents statuts et des modifications qui pourraient y être apportées, sera fait en conformité des prescriptions de la loi du premier Juillet mil neuf cent un.

Il ne suffit pas d'adhérer à "La Ligue", il faut y faire adhérer ses amis et connaissances.

LA LIGUE GALLO-FRANÇAISE

en Formation

SIÈGE SOCIAL : **Paris, 35, Rue Le Peletier**

BULLETIN D'ADHÉSION

Je déclare adhérer comme membre[1] ....

à "La Ligue Gallo-Française", *fondée en vue de conserver aux* Gallo-Français *la prépondérance tant en matière morale et chrétienne que Financière, Commerciale et Industrielle.*

Je paierai la cotisation annuelle correspondante à la qualité de membre[2] ....

Signature,

Nom, prénoms et adresse du Signataire ....

(1) du Conseil-Directeur, du Comité de Patronage, de Membre adhérent.
(2) La Cotisation des Membres du Conseil-Directeur est de 100 fr.
» » du Comité de Patronage est de 25 fr.
» » adhérents est de 3 fr.
Tous reçoivent les brochures et bulletins publiés par "*La Ligue*" et sont membres de l'Assemblée générale.

N.-B. Les cotisations ne seront encaissées qu'après la paix.

Il ne suffit pas d'adhérer à "La Ligue", il faut y faire adhérer ses amis et connaissances.

LA LIGUE GALLO-FRANÇAISE

en Formation

SIÈGE SOCIAL : **Paris, 35, Rue Le Peletier**

BULLETIN D'ADHÉSION

Je déclare adhérer comme membre[1] ....

à "La Ligue Gallo-Française", *fondée en vue de conserver aux* Gallo-Français *la prépondérance tant en matière morale et chrétienne que Financière, Commerciale et Industrielle.*

Je paierai la cotisation annuelle correspondante à la qualité de membre[1]

Signature,

Nom, prénoms et adresse du Signataire ....

(1) du Conseil-Directeur, du Comité de Patronage, de Membre adhérent.
(2) La Cotisation des Membres du Conseil-Directeur est de 100 fr.
» » du Comité de Patronage est de 25 fr.
» » adhérents est de 3 fr.
Tous reçoivent les brochures et bulletins publiés par "*La Ligue*" et sont membres de l'Assemblée Générale.

N.-B. Les cotisations ne seront encaissées qu'après la paix.

www.ingramcontent.com/pod-product-compliance
Lightning Source LLC
LaVergne TN
LVHW020304230826
846091LV00006B/2525

9782013526777